职业教育“十三五”规划教材
高等职业教育新形态一体化教材
高职高专跨境电子商务专业（方向）规划教材

跨境电子商务沟通与客服

刘　敏　高田歌　主　编
朱杨琼　朱雪桢　副主编
赵绪伟　主审

電子工業出版社
Publishing House of Electronics Industry
北京 · BEIJING

内容简介

目前，越来越多的企业加入跨境电子商务的洪流，但是由于语言的隔阂、文化的差异，客服工作人员的素质和处理问题的能力还有待进一步提升。本书针对跨境电子商务客服工作人员的工作流程，结合大量实战案例具体介绍了客服工作人员在与国外客户沟通的过程中可能会遇到的情况及处理办法，在遇到客户提起纠纷时的应对策略。本书的附录部分主要介绍了跨境电子商务主要交易市场的交易习惯及交流禁忌、“一带一路”沿线国家对华贸易情况等，以帮助客服工作人员更好地了解国外市场，能够更好地与客户沟通交流。

本书适合从事跨境电子商务客服工作的人员或管理者使用，高校国际贸易、跨境电子商务等相关专业（方向）的专业课教材，也可以作为对电子商务感兴趣的爱好者的参考书。

图书在版编目（CIP）数据

跨境电子商务沟通与客服 / 刘敏，高田歌主编 . —北京：电子工业出版社，2017.8
ISBN 978-7-121-32169-6

Ⅰ . ①跨…　Ⅱ . ①刘…　②高…　Ⅲ . ①电子商务—商业服务—高等学校—教材
Ⅳ . ① F713.36

中国版本图书馆 CIP 数据核字（2017）第 165525 号

策划编辑：贺志洪（hzh@phei.com.cn）
责任编辑：贺志洪
特约编辑：杨　丽　薛　阳
印　　刷：三河市良远印务有限公司
装　　订：三河市良远印务有限公司
出版发行：电子工业出版社
　　　　　北京市海淀区万寿路 173 信箱　邮编 100036
开　　本：787 × 1092　1/16　印张：14　字数：358.4 千字
版　　次：2017 年 8 月第 1 版
印　　次：2020 年 12 月第 7 次印刷
定　　价：39.00 元

凡所购买电子工业出版社图书有缺损问题，请向购买书店调换。若书店售缺，请与本社发行部联系，联系及邮购电话：（010）88254888。

质量投诉请发邮件至 zlts@phei.com.cn，盗版侵权举报请发邮件至 dbqq@phei.com.cn。

本书咨询联系方式：（010）88254609 或 hzh@phei.com.cn。

前　言

近年来，全球范围内贸易增速缓慢，在国际市场需求不振以及国内产业结构优化升级的背景下，“互联网＋外贸”这一新的模式驱动了跨境电子商务的发展。据商务部统计，2016年中国进出口跨境电商（含零售及B2B）整体交易规模达到6.3万亿元，同比增长23.5%。而2017年中国进出口跨境电商整体交易规模预计将达到7.5万亿元；至2018年，中国进出口跨境电商整体交易规模预计将达到8.8万亿元。

但是在跨境电子商务相关方面不断进步的环境下，由于语言的隔阂与文化的差异，中国跨境电子商务的客户服务水平一直与国外同行存在一定差距。而目前高校在电子商务客服人才培养的过程中也未能有一套行之有效、实践性强的教材。

本书的编写目的有两个，第一个是培养和提高跨境电子商务客服工作人员的沟通能力和问题处理的技巧，第二是编写一本符合高校跨境电子商务相关专业（方向）的实用教材。因此，本书在编写的过程中遵循以应用为目的，以实用为主、够用为度的基本原则，结合丰富的案例，旨在通过改进客服工作的整理思路、优化客户的工作方法，进而发掘客服工作对推进跨境电子商务业务的巨大潜力。同时，本书配有大量的英文语言材料，旨在提高跨境电子商务客服人员的全面英语语言听力，尤其是阅读、写作、翻译能力。

本书编写团队成员分工协作如下，高田歌负责编写第1章、第7章；朱雪桢负责编写第2章；刘敏负责编写第3章、第5章、第6章及附录；朱杨琼负责编写第4章。在编写过程中，阿里巴巴国际事业部赵绪伟经理提供了大量的建议并负责主审。温州木槿时代商务有限公司、浙江全麦网尚电子商务有限公司等也提供了大力支持，在此表示衷心感谢。

另外，本书编写过程中参阅了大量的资料及网络信息，同时也借鉴了国内专家学者的研究成果，由于数量众多，有的资料几经转载无法找到原作者，未能一一列出，在此一并表示真挚的谢意。

本书不仅是适合高等院校跨境电子商务相关专业课程的教材，也可以作为跨境电子商务客服工作人员的参考书。我们的初衷是希望能编写一本理论体系齐全、知识点够用、操作实践性强的跨境电子商务教材，希望该教材的面世能促进院校跨境电子商务人才培养。同时，我们真诚地希望本书能够为跨境电子商务客服工作人员在与客户沟通的过程中提供参考和帮助。

鉴于我们水平所限，肯定存在许多问题，在语言文字、语法方面也会存在错误，恳请广大读者批评指正，以便进一步改进完善。

编者

2017 年 7 月 4 日

目 录

第1章

绪　论

Introduction

学习目标

- 掌握跨境电子商务客服的工作范畴和工作目标。
- 熟悉各国客户消费习惯和网络消费特点。
- 掌握跨境电子商务业务沟通技巧。
- 了解跨境电子商务客服的职业素养。

技能目标

- 能够根据各国消费习惯和网络消费特点，对主要目标国家客户使用不同方式沟通。
- 能够使用跨境客服沟通技巧，与客服进行有效沟通。

跨境电子商务客户服务是指通过各种通信方式了解客户需求、帮助客户解决问题、促进网店产品销售等的业务活动。

Lead-in

What do you think are the differences between international online customer service and domestic online customer service? If you are customer service agent in an cross-border online store，do you need to consider the cultural differences between countries?

1.1 跨境电子商务客服 Cross-Border E-Commerce Customer Service

在跨境行业中，“客户服务”的概念完全区别于传统意义下国内电商的“客户服务”，它不仅仅是“服务客户”，其职责更多地会涉及并影响“销售”、“成本控制”、“团队管理”等各方面。要做好跨境电子商务客服，首先要深刻了解其工作范畴和工作目标。

1.1.1 跨境电子商务客服 VS 传统外贸销售员 Cross-Border E-Commerce Customer Service VS Traditional Foreign Trade Sales

1. 跨境电子商务客服是传统外贸销售员的升级版

说到在线客户服务，大家想到最多的可能是淘宝的客服小二，其实，跨境电子商务平台的在线客户服务，其实更多类似于我们传统外贸业务中的外贸销售员，除了在线的 C 类客户，在线客户服务也经常会在类似速卖通跨境电子商务平台接触到包括小 B 类甚至是在线 B 类客户，跨境电子商务本质上还是传统外贸的一个升级版，做好跨境电子商务很多的原理和玩法本质上跟传统外贸是相通的。

2. 跨境电子商务客服与和国内电商客服、传统外贸销售的区别

淘宝天猫系的在线客户服务，服务的对象更多是以 70 后到 90 后的中青年网购群体，因为淘宝现在在中国社会已经成为成熟主流的购物模式，淘宝系的买家其实已经非常成熟，而且淘宝系的培训系统非常完善，只要规范培训，就可以很好地服务淘宝系、天猫系的买家，因为淘宝系服务的对象更多是中国人，大家思维模式类似，同时中国处事相对内敛、包容，而且不张扬。

传统外贸模式下的客户服务，更多还是在线下，见面为主，因为大额定单周期长，环境多，除了必要的业务员沟通服务素质，其实更多依靠工厂和产品的价格品质的传统竞争力，与跨境电子商务的在线客户体验完全在两个层次。

跨境电子商务服务的对象理论上是全球的客户，碎片化和在线化又让客户的需求和标准变得多层次，海外客户的在线模式更多的是通过页面描述、站内信、

不交流的方式下单，因为价值观、宗教信仰的区别，万一产生客户售后问题，无论在退货成本、沟通精力、运营风险都会有很大考验。

1.1.2 工作范畴 Services Categories

1. 解答客户咨询

客服人员解答咨询的工作主要包括解答客户关于"产品"的咨询和关于"服务"的咨询。

在产品方面，跨境电子商务客服的工作难度主要体现在产品的种类多、专业信息量大和多国产品规格差异大几个方面上。首先，与国内电商不同的是，由于国外客户对"店铺"的概念非常薄弱，所以跨境电子商务的卖家并非只销售一到两个专业品类的产品，而是涉及多个行业，不同种类，这就使得客服的工作变得更加复杂，要掌握多类产品的专业信息。其次，产品规格上存在巨大的国内外差异。比如，令许多卖家头疼的服装尺码问题，欧洲尺码标准，美国尺码标准与国内产品总存在差异；又如，电器设备的标规问题，欧洲、日本、美国电器产品的电压都与国内标规不同，即使是诸如电源插头这样一个小问题，各国也都有巨大的差异，中国卖家卖出的电器能适用于澳大利亚的电源插座，但是到了英国可能就完全不能用了。这就需要客服人员一方面要充分掌握各种产品信息，另一方面也要把握不同国家的产品规格要求，这样才能为客户做出完整的解答，提出可行的解决方案。

在服务方面，与国内电商客服不同的是，跨境电子商务客服经常需要处理客户对于产品运输方式、海关申报清关、运输时间以及产品是否符合其他国家的安全性标准等问题。另外，当产品到达国外客户手中后，客户在产品使用中遇到的问题只能通过远距离网络英语沟通，这就对客服的售后服务能力提出了极高的要求。

2. 解决售后问题

据速卖通官方统计，跨境电子商务卖家每天收到的邮件中有将近七成都是关于产品和服务的投诉。也就是说，跨境客服人员在日常工作中处理的最主要问题就是处理售后。而售后服务是影响到买家满意度的重要方面，因此，做好售后服务非常重要。

跨境电子商务的售后需要做到以下几点：

首先，要及时与买家沟通。交易过程中最好多主动联系买家，买家付款以后，还有发货、物流、收货和评价等诸多过程，卖家需要将发货及物流信息及时告知买家，提醒买家注意收货，出现问题及纠纷时也可以及时妥善处理。这些沟通，既能让买家及时掌握交易动向，也能够让买家感觉受到卖家的重视，促进双方的信任与合作，从而提高买家的购物满意度。

其次，做好产品质量、货运质量。发货前要严把产品质量关，在上传产品的时候，可以根据市场变化调整产品，剔除供货不太稳定、质量无法保证的产品，从源头上控制产品质量，同时在发货前注意产品质检，尽可能地避免残次物品的寄出，优质产品质量是维系客户的前提。加强把控物流环节，在买家下单后，及时告知买家预计发货及收货时间，及时发货，主动缩短买家购物等待的时间；对数量较多、数额较大的易碎品可以将包装发货过程拍照或录像，留做纠纷处理时的证据；注意产品的规格、数量及配件要与订单上的一致，以防漏发引起纠纷；在包裹中提供产品清单，提高专业度。

再次，发货后，要及时跟踪发货动态，并不断告知买家物流状态，例如：

Dear customer,

It's a pleasure to tell you that we have shipped out your order (order ID: **************) on April 24th by EMS. And it will take 5-7 workdays to reach your destination.

Tracking number：*********

Tracking website：********

You can view its updated information online, which will be shown in 1-2 business days. Also our after-sales customer service will keep tracking and send messages to you when there is any delay in shipping.

We warmly welcome your feedback.

Best Wishes,

(Your name)

最后，主动化解纠纷。纠纷是大家都不愿遇到的，但也是很难完全避免的，一方面我们要做好服务，学会去预防纠纷，另一方面，我们要与买家做好沟通，主动去化解纠纷。这里需要注意以下几点：

（1）承诺的售后服务一定要兑现。

（2）预先考虑买家的需求，主动为买家着想。

（3）当纠纷出现时，应主动及时地沟通并努力消除误会，争取给出令买家满意的结果。

（4）对不良的评价及时做出解释。如果一旦被买家打了差评，首先要客观回答买家的批评。如果确实是自己做得不够好，一定要虚心接受，然后改正自己服务中的缺陷。

例如，在买家投诉部分收到货物后，卖家应及时联系买家并询问具体收到的数量，并提出补发或赔偿等解决措施。

Dear Customer,

If your package is missing some of the items that you have ordered，please take clear photos of the items that you have received，and send it to us. We can then proceed to send you the missing item(s) as soon as possible or you may tell us your solution.

Thank you for your time.

Best Wishes,

(Your name)

3. 促进销售

销售与促销往往被认为只是业务销售人员的工作。但实际上，在跨境电子商务领域中，客服如果能够充分发挥主观能动性，也能够为企业和团队创造巨大的销售成绩。例如，在客户拍下了产品但还没有付款时，建议在沟通中提到两个方面。首先，用一两句话概述产品最大的卖点，以强化客户对产品的信心。在描述产品时可以使用“high quality”，并且是“with competitive price”，也可以说产品是“most popular”或者“cheap surprise in eye price”。其次，建议提及“instant payment”来确保更早地安排以避免缺货，不过不建议过分强调，以免让客户感到不愉快。

Dear Customer,

Thanks for your order.

The item you selected is of high quality one with competitive price.You would like it.

Instant payment can ensure earlier arrangement to avoid short of stock.

Thank you and awaiting your payment.

Best Wishes,

(Your name)

客服对于产品的销售作用不仅仅体现在售前的产品咨询上，更体现在销售后的二次营销上。一次简单的交易到买家确认并给予好评后就结束了，但一个优秀的跨境客服仍有很多事情可以做。通过对买家交易数据的整理，可以识别出那些有潜力持续交易的买家和有机会做大单的买家，从而更有针对性地维系他们并推荐优质产品，从而使这些老买家持续稳定的下单。

另外，据阿里巴巴统计，国外买家中仍然有很大比例的人群习惯于在速卖通寻找质优价廉、品种丰富的中国产品供应。这些客户的模式往往是挑选几家中国卖家的店铺做小额的样品采购，在确认样品的质量、款式以及卖家的服务水平之后，这些客户经常会试探性地增大单笔订单的数量和金额，逐渐发展为稳定的“采购—批发供应”关系。由于他们与中国卖家往往不是通过业务人员而是通过店铺的客服接触的，因此，好的客服人员需要具备营销的意识和技巧，能够把零售客户中的潜在批发客户转化为实际的批发订单。这就是客服的促销职能，也是被许多跨境电子商务团队所忽视的。

4. 管理监控职能

跨境电子商务由于其跨国交易、订单零碎的属性，在日常的团队管理中往往容易出现混乱的情况。无论是在产品开发、采购、包装、仓储、物流或是海关清关等环节，可能出现问题的概率都会比国内的电商更大。而在某个环节出现问题之后，由于环节非常多，责任无法确认到位，导致问题进一步扩张与恶化。如果整个团队工作流程中的缺陷在导致几次问题之后仍然不能被有效地发现和解决，那么对团队来讲无异于一个长期的定时炸弹。环节上的缺陷随时有可能爆发，并引起更加严重的损失。因此，对任何一个团队来讲，团队的管理者都必须建立一套完整的问题发现与问责机制，在问题出现后，及时弥补导致问题的流程性缺陷。

而在跨境电子商务行业中有一个岗位先天就适合充当这一角色，这就是客服岗位。首先需要明确的是，客服人员并不一定直接参与团队的管理中。但是作为整个团队中每天直接面对所有客户的一个岗位，客服人员聆听并解决所有客户提出的问题。客服人员作为广大客户的直接接触人，是团队中最先意识到所有问题的接触点。

因此，跨境电子商务团队必须充分发挥客服人员的管理监控职能，让客服人员定期将遇到的素有客户问题进行分类归纳，并及时反馈到销售主管、采购主管、仓储主管、物流主管以及总经理等各部门。为这些部门的决策者对岗位的调整和工作流程的优化提供第一手重要的参考信息。

1.1.3 工作目标 Service Goals

除了自己的工作性质和范畴，客服人员还需要了解自己的工作目标，也就是客服工作岗位的考核设置，这样才能做到有的放矢。

1. 保障账号安全

由于面向多国经营，各国法律要求和标准制定不一，跨境零售电商对卖家的信誉以及服务能力的要求要高于国内电商。以阿里巴巴速卖通平台为例，为了清楚地衡量每一个卖家不同的服务水平和信誉水平，速卖通平台设置了“卖家服务等级”这一概念。“卖家服务等级”本质上属于一套针对卖家服务水平的评级机制，共有4个层级，分别是优秀、良好、及格和不及格。在此机制中，评级越高的卖家得到的产品曝光机会越多；平台在对其推广资源进行配置时，也会更多地向高等级卖家倾斜。反之，当某个卖家的“卖家服务等级”处于低位水平，特别是“不及格”层级时，卖家的曝光机会以及参加各种平台活动的资格都会受到极大的负面影响。

卖家要做到的就是要通过提高产品的质量和服务水平，不断提升卖家服务等级，以便在平台销售过程中获得更多的资源优势与曝光机会。想要在其他因素相对稳定的前提下达到更高的卖家服务等级，就需要客服人员通过各种工作方法与沟通技巧，维持各项指标。也就是说，指标越好，账号的安全度越高。这也就是我们所说的跨境电子商务客服人员的“保障账号安全”目标。

2. 降低售后成本

相对国内电商来讲，跨境电子商务店铺的售后成本较高。由于运输距离远，时间长，国外退货成本高，跨境电子商务的卖家会比国内电商的卖家更多地使用到“免费重发”或者“买家不退货、卖家退款”的“高成本”处理方式。但如果一个富有经验且精于沟通的客服人员在处理国外买家投诉时使用多元化的解决方案，通过合理、巧妙地搭配各种售后服务方式，针对不同的情况因地制宜地进行处理，最终达到将售后服务的成本指标控制在合理范围内的目的。

比如，一些消费类电子产品或近年来比较热门的智能家居产品，往往由于国产产品缺少详细的英文说明书以及客户缺乏相关产品的操作经验，导致客户使用困难。该类产品的投诉会比较集中在使用方法的不明确上，某些缺乏耐心的客户可能就会提起纠纷，甚至要求退款。而这时如果客服人员通过巧妙的方式，用简单易懂的语言向客户说明产品的使用方法，解答一切关于产品本身的技术性问题，使客户理解整个使用过程，并接受产品，则会达到零售后成本的效果。

3. 促进再次交易

跨境电子商务的客服人员一方面可以通过交流与沟通，促成潜在批发客户的批发订单成交，另一方面，也可以有效地帮助零散客户再次与店铺进行交易，具有“黏性”的老客户。这个目标可以通过以下途径解决：首先，卖家客服帮助客户完美解决各类问题，客户往往对卖家的信任会显著增强，逐渐转变成忠实客户。其次，跨境零售电商行业中有大量的国外批发买家搜寻合适的中国供应商。无论是售前还是售后的咨询，这种客户更关注的是卖家在产品种类的丰富度上、产品线的开发拓展速度、物流与清关的服务水平和批发订单的折扣力度与供货能力等。一旦发现这种客户，如果客服人员能够积极跟进，不断地解决客户的所有疑惑与顾虑，最终将会促成批发订单的成交；最后，客服人员与营销业务人员配合，巧妙使用邮件群发工具形成“客户俱乐部”制，通过有效且精致的营销邮件群发，一方面可以增强客户的黏性，另一方面也可以通过优惠券的发放促使客户参与店铺的各种促销活动，促进他们回店再次下单。

1.1.4 跨境电子商务在线客户服务应该具备的能力 Competence Required for Cross-Border E-Commerce Customer Service

1. 传统外贸的专业技能

首先，必须掌握国际贸易专业基本理论知识和基本技能，要通晓我国外贸政策和理论、国际外贸规则与惯例、进出口交易程序与合同条款、国际承包和劳务合作等。另外，由于国际贸易的交易双方处在不同的国家和地区，各国的政治制度、法律体系不同，文化背景互有差异，价值观念也有所不同，因此要求从业人员要熟悉国际贸易法则，通晓国际经济金融、政治法律、社会文化等情况。第三，要求具有进行国际商务谈判、草拟和翻译国际商务函电、起草和签订国际贸易合同的能力，熟练掌握和运用国际贸易惯例、国际贸易法律，具有处理国际贸易纠纷的能力及一定的企业经营管理能力。

2. 对于产品供应链的理解能力

其实无论我们做传统外贸还是跨境电子商务，我们要把生意做好，就应该有优质特色的产品，同时作为一个在线客户服务，我们应该对自己的产品有非常熟悉的了解。只有对产品有充分的理解，才可以履行一个在线客户服务基础的功能，就是跟客户沟通，引导客户下单交易，对于供应链的理解也可以在后期的运营中更多体现自己的核心竞争力。

3. 对于跨境电子商务平台的熟悉程度，对于跨境贸易整个流程应该透彻的理解

很多小型的跨境电子商务创业团队，其实“在线客户服务”是一兼多能的，不仅仅是在线跟客户沟通，也需要兼顾平台运营。如果要成为一个合格的跨境电子商务在线客户服务，首先就应该熟悉运用跨境电子商务平台的规章制度，比如说 2017 年的速卖通的招商门槛政策，速卖通的大促团购玩法等，熟悉平台后才可以顺应平台发展。其次跨境电子商务的在线客户服务因为直接面对客户，所以在线客户服务应该对于跨境电子商务的整套流程都非常熟悉，比如说物流，各国的海关清关等。

4．语言能力

应具备较高的外语能力。外语能力，即能够利用外语及时有效地与外商进行沟通，包括书面交流（函电）和口头表达（口语、谈判）能力。如果要精细化地做好跨境电子商务运营，英文的能力是非常重要的，不仅仅体现在详细的页面描述上，跟客户沟通，特别是在与客户存在消费纠纷时，有语言优势的客户服务，更能解决客户的问题。

5．对于目的国消费者的了解

应了解目的消费国的风土人情。只有了解不同国家人们的喜好和需求，才能针对不同国家进行选品，设置产品详情页，并推出相应的营销策略。比如做速卖通，就应该熟悉俄罗斯和巴西人的性格，跟俄罗斯人应避免聊包括政治问题，苏联问题等，巴西人具有比较爽快、幽默但是性格上有比较直的特点。掌握这些就可以更好地跟客户沟通，最终促进销售业绩的增长。

6．跨境网站的推广营销能力

跨境网站的推广营销能力是一个跨境电子商务网站成功的核心点。跨境平台的推广包括以下几点。第一，最常规的是 Alibaba P4P 推广，SEO 这有点类似于淘宝的和阿里巴巴外贸站的直通车的推广。第二，跨境经营者需要熟悉跨境电子商务平台的平台活动，比如阿里巴巴速卖通的限时限量、全店打折、满立减等活动来引流，促销。第三，懂得通过客户数据分析，对于客户进行有效果的持续开发，最终达到源远流长的客户采购。第四，联盟营销也是非常值得跨境经营者学习的引流方式。第五，最重要我们还应该注重 SNS 设计营销，比如 Facebook 和英领等。第六，通过 Google 等主流搜索引擎推广也非常重要。第七，好的跨境电子商务运营者还会运用自己的资源策划一些类似事件营销的广告推广，更精深的运营推广包括视频营销，外媒广告等。

1.2 跨境电子商务客户的特点 Characteristics of Cross-Border E-Commerce Customers

1.2.1 各国客户消费习惯 Consuming Habits of Different Countries

与不同国家客户沟通，首当其冲的就是要掌握各国客户的消费水平和消费理念。只有充分了解不同国家的消费文化差异，才能做到有的放矢，提高市场地位的有效性。

1. 美国

美国是世界上经济技术最发达的国家之一。国民经济实力也最为雄厚，不论是美国人所讲的语言，还是美国人所使用的货币，都在世界经济中占有重要的地位。英语几乎是国际谈判的通用语言，世界贸易有 50% 以上用美元结算。

美国人最关心的首先是商品的质量，其次是包装，最后才是价格。因此产品质量的优劣是进入美国市场的关键。在美国市场上，高、中、低档货物差价很大，如一件中高档的西服零售价在 40 ~ 50 美元，而低档的则不到 5 美元。商品质量稍有缺陷，就只能放在商店的角落，减价处理。

美国人非常讲究包装，它和商品质量的本身处于平等的地位。因此，出口商品的包装一定要新颖、雅致、美观、大方，能够产生一种舒服惬意的效果，这样才能吸引美国买家。中国的许多工艺品就是因包装问题一直未能打入美国的超级市场。如著名的宜兴紫砂壶，只用黄草纸包装，80只装在一个大箱子中，内以杂纸屑或稻草衬垫，十分简陋，在买家顾客心目中被排在低档货之列，只能在小店或地摊上销售。

2. 俄罗斯

近几年随着中产阶层和富裕阶层的扩大，俄罗斯已经成为世界上增长最快的消费品市场之一。富裕起来的俄罗斯人喜欢旅游，也喜欢购买奢侈品，其中不乏时装类的消费。价格因素在俄罗斯人的购买决策中占很大的比重，但其中也有一部分人更偏重有品牌的优质产品。一般中产阶级的消费者选择在现代购物中心或者流行时尚店铺购买时装，而对价格比较敏感的俄罗斯人通常会选择在高级百货或者迅速发展的时装连锁店购物，那些还无法追赶时尚的消费者更多的则是选择较为传统的马路市场选购廉价的服装。

俄罗斯人的消费并不仅仅取决于他们的收入实际水平，同样也受到生活方式的影响。例如在每年的新年、妇女节、男人节、情人节，俄罗斯人都要送礼，而且俄罗斯人热爱运动，在他们看来运动是生活的重要组成部分，正是因为如此，他们会经常购买专业的运动服、运动鞋及配件。另外，俄罗斯人在外面和在家时穿的衣服不一样，他们在家一定会穿家居服，洗澡完会披浴袍，睡觉的时候又穿上薄一点舒服一点的睡衣。

在这里我们可以把消费行为和消费者的消费需求直接联系起来。例如，就拿俄罗斯女性消费者来讲，她们对于美容类产品需求是很大的，她们外出时一般都会进行打扮和化妆，就像俄罗斯很多政府及公司的员工在很多节日和正式场合都会选择穿西装（正装）一样。俄罗斯女性还很喜欢追赶潮流，一些当季热门和热卖的，新奇、创意的商品会特别受到女性们的追捧。

宗教信仰和习俗也是我们研究俄罗斯消费习惯过程中不能忽视的重要一方面。俄罗斯联邦有许多宗教。他们对盐十分崇拜，并视盐为珍宝和祭祀用的供品，同时他们忌讳“13”数字和黑色。他们认为“13”是个凶险和预示灾难的数字，而黑色则代表着丧葬。在饮食上，俄罗斯人一般都不吃乌贼、海蜇、海参和木耳等食品；还有些人对虾和鸡蛋不感兴趣，个别人还不吃这两种食品。俄罗斯境内的鞑靼人忌吃猪肉、驴肉和骡子肉。俄罗斯境内的犹太人不吃猪肉，不吃无鳞鱼。伊斯兰教徒禁食猪肉和使用猪制品。

3. 巴西

巴西拥有丰富的自然资源和美丽景色，这就形成了巴西人热情、慵懒、喜欢享受的个性。同时，宗教特性以及对劳动者的保护制度，更是影响巴西人消费和生活观的主要因素。在巴西，很多人的生活方式都跟欧美较为类似，巴西人普遍喜欢超前消费，他们习惯于购买分期付款的商品，也正是分期付款的方式让巴西人养成了“什么都敢买”的习惯，所以在巴西不管是什么阶层的人都喜欢消费，而且这种消费方式对于热爱足球的巴西人来讲是再合适不过的了，因为巴西人热爱足球，所以他们更舍得花钱去购买昂贵的球服。

在巴西，虽然贫富差距很大，但是每个人都有自己独特的生活方式。对于普通人而言，他们就有属于他们自己“穷开心”的生活方式。例如在巴西人看来，过生日就是一件非常重要的事，他们会把平时攒的钱拿来给自己的亲人庆生，而且把钱用完了他们不但不会觉得忧虑和困苦，反而会感到非常高兴。

在巴西，人们都有自己的习惯性消费。据巴西《圣保罗页报》1 月 25 日报道，巴西信用保护服务机构（SPC Brasil）及国家商店联合会（CNDL）在去年 12 月共同发起了一项调查，数据显示，尽管商品的价格比以前更贵，大部分巴西人不愿更换购物地点，仅有 24% 的巴西消费者因为价格的原因更换商店。而且除此之外，大部分（51.1%）受访者在购物之前不进行价格调查，40% 在消费前不砍价，仅有 20.4% 的消费者会为了购买商品而存钱。在多数巴西人的潜意识中，他们宁愿多掏钱也不愿意换选购物地点。

4. 加拿大

对于加拿大而言，无论经济是发展还是衰落，加拿大消费者都很喜欢新产品，大多数人表示支持创新并且愿意为新产品“多付一些钱”，而且多数的加拿大人更喜欢享受购物过程，例如加拿大人普遍喜欢购买家居用品，在他们看来寻找划算交易的过程会让购物更加有趣。

加拿大人在交易时，最不喜欢绕圈子、讲套话。一方面他们不喜欢加拿大和美国进行比较，尤其是拿美国的优越方面与他们相比。另一方面也不喜欢他人过多地询问他们的政治倾向、工资待遇、年龄以及买东西的价钱等诸如此类的事情，因为他们认为这些都属于个人的私事。

5. 印度

众所周知，印度客户喜欢便宜的东西。往往把 price，cheap，expensive 挂在嘴上，有着贪小便宜的心理，正是因为如此，所以印度的商业习惯也是有着其独有的特色。例如，如果别的供应商比你的优惠多，他们就很可能不再顾念旧情投奔他们去了，更有甚者会将从别的供应商那里要来的价格直接摊牌给你看，问你能不能做。

印度人对于颜色也有着自己的看法和理解，例如印度人在生活和服装色彩方面喜欢红、黄、蓝、绿、橙色及其他鲜艳的颜色。黑色、白色和灰色则被视为消极的不受欢迎的颜色。同时因为印度大部分人信仰宗教，不吃肉类，很少喝烈性酒，各种蔬菜、水果是他们的主食，吃饭也不会用筷子。洋葱和咖喱是他们的最爱，而且在印度人看来，牛是他们的神，是要赡养天年的。

1.2.2 各国客户的网络消费特点 Online Consuming Habits of Different Countries

在很多国家，网购已经成为消费者的主流消费方式。但不同国家的消费者在网络消费习惯上仍然存在差异。本部分将围绕速卖通的主要买家市场美国、巴西、俄罗斯等国家展开分析。

1. 美国

美国统计局的一项研究数据显示，在商品销售总额方面，仍然由线下占据多数。但是书籍和杂志、服饰、电子产品等品类的线上购买则占据了主导位置。虽然黑色星期五是公认的美国传统购物日，但近年兴起的、紧接着黑色星期五的网购星期一（Cyber Monday）有后来居上之势。美国人网购习惯已经逐步养成。有网络公司调查后发现，部分零售商在“网购星期一”给的优惠还较多，此外因为网购没有地域限制，有调查报告发现越来越多美国人有意加入网购星期一行列。

美国是一个注重效率的国家，消费者对于发货速度要求较高，浪费时间就等于浪费生命，他们希望下单后可以尽快收到自己满意理想的产品。除此之外，美国人对于产品的搜索也有自己的特定引擎。根据 BloomReach 的调查显示，44% 的美国消费者网购时首先选择到亚马逊搜索产品，34% 的人会选择谷歌之类的搜索引擎搜索产品，21% 的人选择特定零售商的网站。

在美国，每个季节都有一个商品换季的销售高潮，如果错过了销售季节，商品就要削价处理。美国大商场和超级市场的销售季节是: 1 ～ 5 月为春季，7 ～ 9 月为初秋升学 期，主要以销售学生用品为主; 9 ～ 10 月为秋季,11 ～ 12 月为假期，即圣诞节时期，这时又是退税季节，人们都趁机添置用品，购买圣诞礼物。他们此时对各类网店的访问量极高，对路商品很快就会销售一空。这一时期的销售额占全年的 1/3 左右。

由于美国版图比较大，横跨三个时区，所以不同时区的买家的上网采购的时间也不同。为了提高卖家发布商品的关注率，卖家应该积极总结，选择一个买家上网采购时间比较集中的时间段来针对性地工作。

北美地区是全球最发达的网上购物市场，北美地区的消费者习惯并熟悉各种先进的电子支付方式。网上支付、电话支付、电子支付、邮件支付等各种支付方式对于美国的消费者来说都不陌生。在美国，信用卡是在线使用的常用支付方式。与美国做生意的中国商家，熟悉这些电子支付方式，是做美国人生意必须了解的知识，一定要习惯并善于利用各种各样的电子支付工具。

在交易习惯方面，美国消费者在交易中坚持公平合理，他们认为双方进行交易，双方都要有利可图，如果双方出现分歧，他们只会怀疑对方的分析、计算而坚持自己的看法。

2. 巴西

巴西电商的发展非常迅速，网购习惯比较成熟，同时网购人群也都较为普及。巴西消费者在网购过程中，最看重的是价格实惠、选品丰富、打折促销以及免运费。人们更喜欢二流质量三流价格的产品，巴西人对便宜的商品孜孜不倦且不追求品牌。他们在交易过程中主要需求在于服装配饰、美容保健和家具用品等。以服装为例，他们追求休闲大气，欧美风格，配色夸张，但是要求尺码准确，适应潮流。

巴西人大多喜欢超前消费，喜欢分期付款的交易方式。在网上支付方式的选择上，他们会首选 BOLETO，这种支付方式在巴西一直占据着主导地位，客户可以到任何一家银行或使用网上银行授权银行进行转账。

需要注意的是，在网购过程中，卖家的店铺好评对巴西人影响很大，甚至决定巴西人是否会买单，同时店铺设置免邮产品更是受到巴西人的极大青睐。因为巴西关税和其他杂费导致巴西国内物价一直居高不下，因此很多消费者会直接搜索折扣，喜欢参与促销活动。但是尽管如此，巴西人购买球服却是不差钱的，他们经常会穿着球服参加各类活动。

3. 俄罗斯

在 2016 年上半年，网购旅游服务、机票酒店的每个订单金额平均达 13129 卢布，价值在所有网购类别中最高。其次是家具和家具产品，每个订单金额达 10615 卢布。运动用品非常流行，平均订单额为 7770 卢布。鞋服的平均订单金额为 3767

卢布。根据 Yandex 和 GFK 在 2013 年发布的一项研究报告，与中文网站相比，俄罗斯男性更喜欢从英文网站 (54%) 购买商品，而大多数女性更喜欢从中文网店购物 (52%)。这种现象可能与购买的商品品类有关，女性购买的品类多为服装、饰品、儿童用品和家居用品。与此同时，男性经常集中购买电子产品和汽车配件。

俄罗斯人对于审美的偏好与中国人有很大区别。以俄罗斯女性消费者为例，成年女性不喜欢太过可爱的穿衣风格，她们更喜欢欧洲的性感风，并偏好在销售网站上看到欧美模特展示服装，认为这样更有助于判断衣服是否合身。

4. 加拿大

在加拿大，人们网购的产品主要集中在体育用品、婚纱礼服和服装上。从加拿大体育用品零售来看，加拿大是一个稳定持续发展的市场，经常参加体育活动的加拿大人占加拿大全部国民的 54%，可以说加拿大是一个热爱运动的国家。

婚纱礼服方面，由于婚前各种派对少不了派对礼服的需求；其次，婚礼宾客礼服需求也比较旺盛，比如伴娘服、伴郎服、花童服装等，60% 的加拿大新娘是 Pinterest 社交网站的活跃用户。

在服装方面，儿童的时尚服装最受欢迎，父母在孩子身上服装的消费额占预算总额的比例最高，大多数父母都会把大部分钱用于购买服装。与此形成鲜明对比的是，科技产品则不受父母欢迎，只有很少的父母把大部分钱用于给孩子购买计算机或其他电子产品。

另外，随着智能手机的流行和移动网络的普及，智能手机的网购量在加拿大逐年上升。很多加拿大人习惯于直接使用智能手机货比三家。据 BrandSpark Canadian 针对加拿大人购物习惯的调查显示，58% 的加拿大智能手机用户会在购物时拍下产品照片，然后将其发到感兴趣的人那里供参考，或者保存起来等以后再看。当在手机上看到满意的商品时，他们会直接在网上进行下单。此外，加拿大人还经常用手机联系其他卖家，更详细地了解相关促销状况，获得最大可能的优惠。

5. 乌克兰

在乌克兰电商排行榜中，大多数是“家电和电子产品”类公司，其次是“服装和鞋”类公司、“杂货店”类公司。但是由于乌克兰消费者对网上支付方式的不信任，再加上电子支付系统在当地没有合法化，货到付款成为最受欢迎的支付方式。但也有消费者开始转向信用卡付款，PayPal、VISA、MasterCard、Yandex. Money、Rupay 和 RBK Money 等。

6. 智利

现阶段，在智利网络上最热销的商品是科技含量比较高的电子产品，比如手机、平板电脑、电视等。智利消费者尤其热衷于到中国的跨境电子商务网站购买东西。因为智利消费者中有许多人贪便宜，而中国商品在网络上尤其以价格取胜，一些人为了能在网上淘购到比国内实体店便宜许多倍的商品而欣喜若狂。中国的智能手机、数据线、平板电脑是最受智利消费者热捧的网购商品。此外，鞋服也毫无例外是热销品，尤其以运动服为最。

7. 韩国

随着智能手机的普及，韩国 40 岁左右的男性渐渐成为了网购的主力军。这类群体搜索最多的是鞋、包等时尚类商品，紧随其后的分别是计算机、手机等 IT 产品；器械；运动爱好用品；食品饮料和服装。据 2015 年一份周日公布的政府报告显示，过去 5 年里，越来越多韩国民众加入了境外海淘大军，其中需求量最大的是咖啡、手袋和运动鞋。美国、德国、中国和新西兰的产品就占了所有网购商品的 96%。报告还表示，家用电子产品如电视机、杂厨用具以及食品类进口量激增。从美国网购的商品主要是保健食品、时尚用品和婴儿用品，从德国网购的则主要是婴儿用品、化妆品和厨房用品，而运动鞋、手袋和服装主要网购自中国。

1.3 跨境电子商务业务中的沟通与服务 Communication and Service in Cross-Border E-Commerce

1.3.1 跨境电子商务业务沟通技巧 Cross-Border E-Commerce Communication Skills

客服与客户的在线沟通是跨境电子商务交易过程中的重要步骤，一个有着专业知识和良好沟通技巧的客服，可以打消客户的很多顾虑，促成客户的在线购买行为，从而提高成交率。因此，跨境电子商务的沟通技巧就显得尤为重要。

1. 时刻遵守沟通国际礼仪

与面对面的沟通不同，在网络上客服的沟通礼仪更强调书面语言的礼仪规范性，而对于跨境沟通来讲，掌握国际化礼仪则显得尤为重要。

例如，在对客户的称呼问题上，不管是客人首次给发邮件或询盘还是后续的行为，客户称呼客服“Dear A”，那么客服的回复也当对应为“Dear B”。若回复客户“Hi, A”，就会让人感到不顺畅。以此类推，如客户在邮件中以邮件“Hi, A”作为邮件开头，那么客服的回复也当对应为“Hi，B”。

而在接到初次光临买家的咨询时，客服回答的第一句应该是:“Thank you for your interest in our item.”，或者“Thank you for your inquiry.”若对方是之前光顾过的买家，再次光临时，客服的回应应为:“Nice to see you again! Is there anything I can do for you?”这样的回答，给买家一种亲切感，客服的服务态度影响着买家购物的心情。

2. 清楚地向客户表达你的意见和建议

和客户交流时，要清楚地表达自己的想法和建议。比如，产品的价格只能低到这里，不能再变了，如果现在下单的话，可以赠送小礼品等。

买家:“Will the price be cheaper？”

客服:“Sorry，we don’t have any discounts for this item. But if you make the order now，we can send you an additional gift to show our appreciation.”

另外，碰到自己不了解的询问时，可以直言不讳地告诉客户：我会把这个问题记下来，搞清楚后再回答你。千万不要不懂装懂，也不要含糊不清地回答。更不要说些废话避开客户的问题，回答客户的问题时也要注意，不要做绝对回答，如：我们的质量绝对没问题，我们的服务绝对一流等，我们都知道有一个常识：天下没有绝对的事情。不要把自己的语言绝对化。

3. 学会换位思考

站在客户的角度为客户着想，尽可能回答客户的问题，一定要让客户感觉到，你是在为他着想，为他的利益着想的。例如，当收到客户的询问时要在第一时间进行回复，在回信中首句道歉“Sorry for the late reply.”如果暂时不能回复，如暂时无法得到确切的信息，需要告之回复的时间。因为客户往往会对几个小时之后甚至几天之后回复的邮件感觉不尊重、不重视。

4. 沟通语言言简意赅

在网络沟通中，英文表达的简洁明了尤为重要，专业、明了的表达往往会达到事半功倍的效果，而含糊业余的表达则会减弱客户的信任。例如：

Hello I have received your message. Yes you can make the payment now. You can pay by credit card. You can also pay by visa or master. You can also pay by money books. Western union is also ok.

这段文字语言不够简练，过于啰唆，给客户不专业，不讲效率的感觉，不仅浪费客户时间而且削弱文字的专业度。如果改成：

Thank you for the message. You can make the payments with escow (VISA，MasterCard，Money books or Western union).

这段话表达了同样的意思，用很清楚而且简明的语言，不但用字减少很多，而且给客户一种专业的感觉。

5. 面对客户提问时，回答一定要全面

回答的全面并不是让你滔滔不绝，也不是回答的越多越好，而是要针对客户的问题，特别是关键问题时应全面地回答，不要有所遗漏。针对顾客对于产品、价格、性能等提问，最好能一次性地将顾客的问题回答全面，这样既可以让顾客感受到你的专业性，又可以避免因反复多次询问和回答而导致的时间浪费。

例如，在跨境电子商务中，物流一直是买家比较关系的问题，各国货物的运送时间根据不同的国家差别很大，如果没有与买家沟通好，则很容易引起店铺纠纷。因此，将物流方面的信息详尽地告知买家非常重要：

买家："Can you use XX express？"

客服："Yes sure. But you need to pay for extra freight."

再发货之后，可将物流信息详细告知买家：

客服："Hello! We have shipped the goods. For the detailed information please refer to *********."

6. 要善于利用表情符号

表情符号是人们表达心情的重要工具，在互相无法看见对方的网络沟通中，表情符号成为必不可少的表达礼貌的方式。文字有时候并不能表达一个人的准确

心情，有时候还可能造成误解，然而表情符号却不同，所有在沟通的过程中，善于运用表情符号是一个重要的武器。

1.3.2 跨境电子商务客服职业素养 Career Competence of Cross-Border E-Commerce Customer Services

1. 保持平衡、积极的心态

米卢说过：态度决定一切。跨境电子商务客服的工作内容包含售前、售中和售后，涉及多种语言，工作过程非常细碎烦琐。在这个过程中，一定要对自己的能力充满信心。能不能成功，关键在于工作欲望。没有坚定的意念及不够积极的人，即使拥有很高的学历，或是头脑很灵活，还是不能创造优秀的业绩。对业务员而言，每天面对的都是竞争激烈的战场。在这个枪林弹雨的战场之中，必须具有灵敏的触觉，更必须具有坚韧的生命力，就像野草一样——野火烧不尽，春风吹又生。记住该记住的，忘记该忘记的。改变能改变的，接受不能改变的。以积极的态度和强烈的责任感，和百分之百的信心来开拓自己的工作领域。

2. 熟悉业务知识

作为一名跨境电子商务客服，既需要维护客户关系，有效推进销售，能独立维护客户，又要处理客户邮件及查询，并提供售前售后咨询服务、订单追踪信息，还需要处理客户投诉，对客户的退换货进行妥善处理，这就要求跨境电子商务客服具备熟练的业务知识，并不断努力学习，吸收新知识。只有熟练掌握了各方面的业务知识，准确无误地为客户提供各项服务，才能在维护原有客户的基础上不断发展新客户。在收到客户信函和询价时，第一件事就是认真阅读，然后进行分析：主要分析客户的意向是什么，客户的需求是什么及客户希望得到哪些方面的信息等。在订单跟进过程中，客服人员需养成即时反馈及沟通的习惯。客户发出的信息都能得到你的反馈，这样可以让客户放心。

3. 熟悉产品和市场

不少跨境电子商务客服在刚刚接触工作时都碰到过潜在客户流失的情况，主要原因是对公司和产品不了解，不知道目标市场在哪里，或当客户问一些有关公司和产品的专业问题，一问三不知。客服对自己公司每个产品的优缺点、规格、成分、重量等都要了如指掌，做到心中有数。如果一个销售人员连自己的产品性能，质量这些基本的指标都不熟悉，怎么能向客户滔滔不绝地介绍，怎么能让自己的产品有保障，有信誉，怎么能在讨价还价中取得优势呢？对市场的了解：一个是对目标市场的了解，另一个是对竞争对手的了解。绝对不能坐井观天。因为这世上唯一不变的就是“变”，所以要根据市场的变化而做出相应的策略，这样才能在激烈的竞争中制胜。

4. 积极沟通的能力

客服是与人打交道的工作，因此沟通尤为重要。不管是在订单跟进或为人处世中，沟通都是极其重要的一个手段。从沟通的细节中客户会看到你的工作态度，工作是否严谨及是否可以信任。高品质的沟通可以快速实现销售目标，提升销售业绩。高品质的沟通可以消除人与人之间的隔阂，使人际关系更加融洽。高品质的沟通可以避免一盘散沙，使团队的合作更加默契，团队更具凝聚力。当然，业务沟通技巧是通过长时间的实践培养出来的，一切从客户的需求出发，在与客户沟通中，我们要不断提问，从客户的回答中了解到客户的需求，这样做会事半功倍。另外，由于跨境沟通面对的是国际市场，面对的往往是多国客户，外语水平是面对海外客户沟通的根本，在与外商的网络沟通过程中，语言能力能体现得淋漓尽致，也是成功谈成合同的关键。

5. 诚实守信的人格

诚实守信对于个人来说，既是一个道德品质和道德信念，也是每个公民的道德责任，更是一种崇高的人格力量。对于一个企业和团队来说，它是一种形象，是一种品牌，一种信誉，一个使企业兴旺发达的基础。只有对客户诚实守信，客户才会跟公司合作，将来才有可能会跟公司长久的合作。同样，在跟同事的相处过程中也要诚实守信，真诚地对待每个人。不得有任何有损于公司和个人职业信誉的行为。所以在工作中要做到实事求是，诚实守信，保守单位的商业机密，不能私自向外界提供和泄露。

1.3.3 各国客户的沟通技巧 How to Communicate with National Customers from Different Countries

作为跨境电子商务新手，需要了解国外买家的商业习惯和习俗、沟通技巧，下面就美国、印度、澳大利亚、巴西、俄罗斯、德国的海外买家商业文化和沟通技巧进行阐述，可作参考。

1. 美国

美国人通常自信心强、注重利益、热情坦率、重合同、法律观念强、注重时间效率。在谈判时喜欢干脆爽快，直入主题；注重效率、珍惜时间。

最不为美国买家接受的中国卖家类型如下：

（1）报价后不能兑现价格。

（2）对客人万分猜忌。

（3）电话网络沟通不讲礼仪，礼貌用语少。

（4）对生产工艺一知半解。

与美国买家的商务沟通应注意：

（1）“是”和“否”必须保持清楚，这是一条基本原则，当无法接受对方提出的条款时，要明确告诉对方不能接受，不要含糊其辞，使对方存有希望。

（2）与美国人谈判，绝对不要指名批评某人。因为美国人谈到第三者时，都会顾及损伤对方的人格。

（3）时间价值。在他们的观念中，时间也是商品，时间就是金钱，做事效率要高。

（4）不提底价，不喜沉默，不注重利用谈判建立关系网。

（5）与美国买家谈判报价时需要特别注意，应该从整体去看，报价时提供整套方案，考虑全盘。

2. 印度

印度国际买家善于把握贸易细节，如货在装舱后，他们的买家可以控制对货物入关的处理权等。所以在应对印度商人时，应该了解对方的信誉，确定付款方式时要格外慎重。印度商人有贪小便宜的心理，不妨在联系或者做生意的过程中，给予一些小恩小惠。众所周知，印度客户喜欢便宜的东西，往往把 price，cheap，expensive 挂在嘴上。

印度人认为红色表示生命、活力、朝气和热烈，蓝色表示真诚。阳光似的黄色表示光辉壮丽。绿色表示和平、希望。紫色表示心境宁静。印度人在生活和服装色彩方面喜欢红、黄、蓝、绿、橙色及其他鲜艳的颜色。黑色、白色和灰色，被视为消极的不受欢迎的颜色。印度大部分人信仰宗教，不吃肉类，很少喝烈性酒，各种蔬菜、水果是他们的主食，吃饭也不会用筷子。

在沟通交流方面，印度的官方语言为英语，书面沟通用英语，但是其发音和标准英语有一些差别：大多数印度人 t 和 d 发音分不清。因此一些外贸人士第一次和印度客商交谈时，都会感到一头雾水。因此如果接到印度客户的电话，听得不是太明白的话，可以让客户拼出来或者再让客户邮件确认。印度人对“否定”和“肯定”的回答，与中国习惯不同。中国人对“肯定”回答一般点头，印度人却用摇头表示“肯定”，中国人对“否定”回答一般摇头，印度人也用摇头表示“否定”，因此有时候需要跟印度客户多确认几次。

与印度商人交流的方式技巧有以下几个。

（1）报价高于心理预期

开始报价时高于自己的心理价位应对其砍价特性，但是同时也一定要让对方觉得有可议的余地。这样做的好处是给自己更多的谈判空间，无形中也抬高了你产品在对方心目中的价值，最重要的是让对方在谈判结束时觉得自己赢得了谈判。

（2）避免对抗性谈判

如果客户给出一个极低的价格，也不要怒气冲冲地去反驳，反驳只会强化对方的立场，使谈判进入僵局而无从进展。这里更多的应站在对方的立场上考虑，可以跟客户说我完全可以理解你的感受，这个价格确实不低，等等，然后话锋一转，但是我们的产品如何如何，列一些细节问题质量硬件给客户看，最好是数据化的东西更有说服力。最后也可以给出另外一套低价产品的方案，这样客户更容易接受。

（3）坚持底线

当价格达到自己的底线后，一定要坚持住不为所动。

3. 英国

英国全称是“大不列颠及北爱尔兰联合王国”，简称联合王国，又简称英国。英国的主要宗教是新教和罗马天主教。英国的国民特性与其文化背景密切相关。英国的经济发展较早，在大部分外国人的眼里，英国人“自命清高”和“难于接近”。但是，事实上，也并非完全如此，他们之间善于互相理解，能体谅别人。无论办什么事情，总是尽可能不留坏印象，绅士风度，处处可见。他们懂得如何造就一个协调的环境，让大家和谐而愉快地生活。

在商务交往中，他们重交情，不刻意追求物质，一副大家作风。对商务谈判，他们往往不做充分的准备，细节之处不加注意，显得有些松松垮垮。但英国商人很和善、友好，易于相处。因此，遇到问题也易于解决。他们好交际，善应变，有很好的灵活性，对建设性的意见反映积极。

在英国经商，必须遵守信用，答应过的事情，必须全力以赴，不折不扣地完成。英国人性格孤僻，生活刻板，办事认真，对外界事物不感兴趣，往往寡言少语，对新鲜事物持谨慎态度，具有独特的冷静的幽默。他们保守、冷漠，感情轻易不外露，即便有很伤心的事，也常常不表现出来。他们很少发脾气，能忍耐，不愿意与别人作无谓的争论。英国人做事很有耐心，任何情况之下，他们绝不面露焦急之色。英国人待人彬彬有礼，讲话十分客气，"谢谢"、"请"字不离口。所以对英国人讲话发邮件也要客气，不论他们工作和职位如何，都要以礼相待，请他办事时说话要委婉，不要使人感到有命令的口吻，否则，可能会使你遭到冷遇。在英国，"外表决定一切"，与英国人交往要尽量避免感情外露，赠送小礼品能增加友谊。

英国人的时间观念很强，拜会或洽谈生意，访前必须预先约会，准时很重要，最好提前几分钟到达为好。他们相处之道是严守时间，遵守诺言。英国名民族还具有遵循传统的习惯，宜避免老用"English"一字来表示"英国的"。如遇到两个买家，一个是苏格兰人或威尔士人，你说他是"英国人"，那么，他会纠正你说，他是"苏格兰人"或"威尔士人"，宜用"British"一字。谈生意态度须保守，谨慎。初次见面或在特殊场合，或者表示赞同与祝贺时，他们才相互握手。

和英国人商务沟通时要注意哪些方面呢？

（1）英国人特别讲究绅士风度，善于与人交往，讲究交际礼仪。这不仅仅是英国人对自己的要求，对谈判对手修养与风度亦非常看重。

（2）不要涉及政事和历史，特别是英国以及欧洲本土，并且称谓英国领导人时一定要讲全名称。

（3）最好使用英式英语和其谈判，切记不可出现美式英语。

（4）一定要有耐心，英国人一般态度强硬，而且就算他们事先没有充足的准备，但还是会固执己见，所以一次谈不成，可以安排多次，千万不能急躁。

4. 澳大利亚

澳大利亚 95% 的居民是英国和其他欧洲国家移民的后裔，98% 的居民信奉基督教，其余信奉犹太教、佛教和伊斯兰教。澳大利亚人办事认真爽快，喜欢直截了当，待人诚恳，热情，见面时喜欢热烈握手，称呼名字。乐于结交朋友，即使是陌生人，也一见如故。他们崇尚友善，并谦逊礼让，重视公共道德，组织纪律强，时间观念强，赴约准时并珍惜时间。

在澳大利亚人眼里，兔子是一种不吉利的动物。他们认为，碰到了兔子，可能是厄运将临的预兆。澳大利亚人喜欢体育活动，游泳和日光浴是人们的癖好，如果有谁不会游泳，还会成为众人嘲讽的对象。和澳大利亚人谈论跑马，是非常受欢迎的话题。

澳大利亚是一个讲求平等的社会，不喜欢以命令的口气指使别人。澳大利亚人认为许多美国人太关注基于教育程度和你在公司等级的财富与职位而带来的地位差异。与澳大利亚人进行商务沟通时，应该尽量避免向澳大利亚人显示头衔和业绩。任何自吹自擂和炫耀都会留下消极的印象。比如，美国人崇尚“自我夸耀”和“锋芒毕露”，而澳大利亚人则认为“高枝必砍之”。吹嘘和炫耀自我成功的人被认为是非常讨厌的。

澳大利亚推崇非正式文化，澳大利亚人对礼节不太讲究。在商务活动中，澳大利亚人不如德国人、瑞士人、美国人和日本人时间观念强。访问者希望会议能严格准时召开，但是，如果你迟到几分钟，几乎没有澳大利亚人会感到不安的。其工作效率要比在纽约、香港、东京和新加坡慢，当地商人反而会抱怨那些努力加快工作进程的外国人。

澳大利亚由于地广人稀，因而很重视办事效率。他们极不愿意把时间浪费在不能做决定的空谈中，而且在商务沟通中谈及价格时，不喜欢对方报高价，然后再慢慢地减价。他们极不愿意在讨价还价上浪费时间。通常他们采购货物，大多采用招标的方式，根本不给予讨价还价的机会，所以必须以最低价格议价。澳大利亚市场是高度竞争的市场。一般而言，只有当某种产品运抵澳大利亚并已缴完关税后的价格比类似货物至少低 15% 的情况下，澳大利亚进口商才会考虑直接进口产品。大进口商对价格因素也同样很敏感。一家新的供货商的价格必须明显低于已与进口商建立固定关系的供货商价格时 (至少为 5%)，进口商才会考虑改变进货渠道。因此对于供货商而言，首报盘的价格必须特别有吸引力，这样才会引起澳大利亚进口商的兴趣。

产品包装质量非常重要。产品包装除了符合“澳大利亚包装和标签规定”以及进口商的要求外，海外供货商还必须注意他们提供的零售货物的包装质量。这是因为，在澳大利亚的零售商店，顾客是自助式地挑选货物，因此产品的包装必须有“自我推销”的功能，必须能吸引顾客的注意并且能提供足够的信息。澳大利亚的进口商面对有相似价格的两种相似产品时，几乎无一例外地会选择零售包装较好的那种产品。在最近10年来，进口商对于海外供货商提供的零售商品的包装质量要求越来越高。以床单为例，即使是最简单的床单也要求有质量较好的包装，包装上必须印有精良的照片。由于澳大利亚进口商订购产品的数量通常较小，给海外供货商在提高包装质量方面造成了困难，因为订购数量较小加大了包装的成本。另外，由于供货商提供的产品包装质量达不到要求，或包装单位成本太高使产品失去竞争力，也导致供货商失去大批订单。

总的来说，当澳大利亚进口商考虑一家新的海外供货商时，主要关心以下问题。

（1）价格：产品价格应比当地生产的同类产品或其他来源的产品价格低。

（2）可靠性：必须能长期保证产品的质量，交货及时并保持联络。

（3）灵活性：供货商能接受小批量订货。

如果一家新的供货商能就以上三点说服澳大利亚商人，则不论他向澳大利亚商人销售任何产品，市场前景都会很明朗。

5. 巴西

巴西人性格开朗豪放，待人热情而有礼貌。从民族性格来讲巴西人在待人接物上所表现出来的特点主要有二：一方面，巴西人喜欢直来直去，有什么就说什么；另一方面，巴西人在人际交往中大都活泼好动，幽默风趣，爱开玩笑，不在乎在大众面前表露情感。

巴西人对守时一事，甚为重视，不可大意。对巴西人来说，在商业交往中个人品行非常重要，往往比某一桩生意的细节更为重要。尽管巴西的办公时间通常是早九点到晚六点，但决策者上班较晚，下班也晚。给巴西管理人员打电话的最佳时段是上午十点到中午十二点，以及下午三点到五点。不过在圣保罗并非这样，全天都可以约见。

在巴西，以棕色为凶丧之色，紫色表示悲伤，黄色表示绝望。他们认为人死好比黄叶落下，所以忌讳棕黄色。人们迷信紫色会给人们来悲哀。另外，他们还认为深咖啡色会招来不幸，所以，非常讨厌这种色。在巴西，曾有过这样失败的例子，日本向巴西出口的钟表，因在钟表盒上，配有紫色的饰带，由于紫色被认为是不吉利的颜色，因而不受欢迎。

在巴西，会话和行文时使用当地语言会更便利和亲切。商品说明应有当地文字对照。 和巴西人打交道时，主人不提起工作时，你不要抢先谈工作。巴西人特别喜爱孩子，谈话中可以夸奖他的孩子。巴西的男人喜欢笑，但客人应避免开涉及当地民族的玩笑。对当地政治问题最好闭口不谈。

巴西是由欧洲人、非洲人、印第安人、阿拉伯人以及东方人等多种民族组成的国家，但核心是葡萄牙血统的巴西人。另外，由于从西班牙、意大利等南欧国家来的移民，在巴西占压倒的多数，因此，巴西人的习俗和葡萄牙、南欧的习俗非常相似。

巴西人喜欢分期付款，当地超市，标价的时候也会体现分期付款的价格。巴西人在消费方面还有一个特点就是很注重售后服务，还有产品的耐用性，在同样情况下，如果你的产品耐用性比同行的好，就会比较受到他们的欢迎。巴西过去是欧洲殖民地，所以也比较喜欢欧式的和有 CE 认证的东西。

6. 俄罗斯

俄罗斯民族崇尚高大，具有傲视一切的大国心态，几乎只追求“高”，追求“大”，无论什么东西，只要它“高大”就行。

与俄罗斯人进行商务沟通时，要做好与一个更为武断的俄罗斯人打交道的准备。 在他们眼中，只要雄壮伟岸，不好的东西也是美的，仿佛这样就能使他们真正排名世界第一。他们执著地追求规模，讲气势，俄罗斯人和别人不比精度、技术，只讲在规模、造型与格局 上抖抖威风，向世人们夸耀一下他们的伟大。俄罗斯的一切都明显地带有大和粗的特点：俄罗斯生产的电冰箱、洗衣机较之别国的同类产品骨架、个头都要大，且显得笨重有余、轻巧不足。

在与他们做生意时，应注意如下一些方面：

（1）产品外形要高大。这是俄罗斯商品的特性，讲究外形的高大，可以迎合他们追求高大的消费心理。

（2）产品要轻巧。由于产品要求高大，俄罗斯的商品不重轻巧，有时使用起来并不方便，因此，一些轻巧型产品在俄罗斯也有大市场。

（3）俄罗斯商人认为，产品质量的好坏及用途是最重要的，买卖那些能够吸引和满足广大消费者一般购买力的产品是一条很好的生财之道。

俄罗斯的文化是重视礼节并且区分一定的社会等级的，但是同时他们的核心价值观又是人人平等。当别人拥有的东西而自己没有的时候，俄罗斯人会感到非常生气。俄罗斯人的礼节表现在人们的穿着、会见以及问候礼仪方面；在那些组织管理严密的公司当中，等级观念十分明显。因此对有职务、学衔、军衔的人，最好以其职务、学衔、军衔相称。依照俄罗斯民俗，在用姓名称呼俄罗斯人时，可按彼此之间的不同关系，具体采用不同的方法。只有与初次见面之人打交道时，或是在极为正规的场合，才有必要将俄罗斯人的姓名的三个部分连在一道称呼。

在人际交往中，俄罗斯人素来以热情、豪放、勇敢、耿直而著称于世。初次与俄罗斯商人见面必须握手，告辞时也要握手。称呼对方一定要用他的正式头衔，在正式场合，应采用“先生”、“小姐”、“夫人”之类的称呼，除非他特意要求改用另一个称谓。但对于熟悉的人，尤其是在久别重逢时，他们则大多要与对方热情拥抱。

俄罗斯特别忌讳“13”这个数字，认为它是凶险和死亡的象征。相反，认为“7”意味着幸福和成功。俄罗斯人不喜欢黑猫，认为它不会带来好运气。俄罗斯人认为镜子是神圣的物品，打碎镜子意味着灵魂的毁灭。但是如果打碎杯、碟、盘则意味着富贵和幸福，因此在喜筵、寿筵和其他隆重的场合，他们还特意打碎一些碟盘表示庆贺。俄罗斯人通常认为马能驱邪，会给人带来好运气，尤其相信马掌是表示祥瑞的物体，认为马掌即代表威力，又具有降妖的魔力。

俄罗斯人忌讳的话题有：政治矛盾、经济难题、宗教矛盾、民族纠纷、苏联解体、阿富汗战争，以及大国地位问题。

7. 德国

德国商人很注重工作效率。因此，同他们洽谈贸易时，严忌节外生枝地闲谈。德国北部地区的商人，非常重视自己的头衔，当你同他们一次次热情握手，一次次称呼其头衔时，他必然格外高兴。虽然会比较严肃，不太谈及个人问题，但却很诚恳，可以主动和他们交流一些话题，甚至恭维的话对他们也很受用。商务沟通时希望对方显得清楚、果断。但自己反而会比较死板，缺乏一定的灵活性，自己的决定通常很慢。

德国人有巨大的科技天赋，对理想的追求永不停息。他们企业的技术标准极其精确，对于出售或购买的产品他们都要求最高质量。如果要与德国人做生意，你一定要让他们相信你公司的产品可以满足在交易规定的各方面的一贯高标准。

与世界其他民族相比，德国人严肃认真，不苟言笑。和德国商人初交，他们给人的印象往往是沉默寡言，显得呆板而沉重。在公共社交场合，德国人显得非常拘泥形式，不擅长幽默。他们一板一眼、正襟危坐，做事谨慎小心，一切按规矩和制度行事。德国人具有强烈的“实事求是”的意识，注重实际，不尚浮夸。德国人的住室朴实无华，整齐大方。各种生活用品，如门、锁、开关等都牢固结实，注重实用，宁肯失之笨重，决不虚有其表。对一座建筑、一件家具、一套设备似乎都讲究百年大计，讲究内在质量，就如同德国人办事一样注重脚踏实地，绝不夸夸其谈。

遵纪守法的特性在德国企业和商人身上也多有体现。在德国的企业里，下级服从上级，一切按规章办事，缺少灵活性和主动性；职工们以服从为天职，而领导者则以是否服从命令、遵纪守法作为衡量职工好坏的标准。德国商人在做生意中多以遵纪守法为荣，他们很少偷税、漏税，也很少生产假冒产品，在商贸活动中，他们也是最重约、最守法的。德国人有一种名副其实的讲究效率与质量的声誉，他们的工业生产严格按照技术标准，他们很为自己的产品质量而自豪。因此，切忌轻易议论德国产品的优劣。德国人精于讨价还价，常常在签订合同的前一分钟还会作出种种努力来使对方退让。在商务沟通中，他们还会在交货和价格上对你施加压力，出现这种情况并不罕见，因此你最好对此有所准备，或者坚定地说“不”，或者坚持某些条款，准备好最好的让步条件。

德国买家的特点非常鲜明：

（1）严谨、保守、思维缜密。与德国人做生意，一定要做好充分的准备，以便回答关于你的公司和产品的详细问题，同时应该保证产品的质量问题。

（2）追求质量，讲究效率，关注细节。德国人对产品的要求非常高，所以一定要注意提供优质的产品。同时在商务沟通时注意要变现果断，不要拖泥带水，在发货的整个流程中一定要注意细节，随时跟踪货物的情况并及时反馈给买家。

（3）信守合同，崇尚契约。德国人素有“契约之民”的称号，他们对设计合同的任何条款都非常细心，对所有细节认真推敲，一旦签订合约就会严格遵守，按合同条款一丝不苟地执行，不论发生什么问题都不会轻易毁约。所以和德国人做生意，也必须学会信守诺言，如果卖家在买家拍下货品后，又出现要求更改交货期等要求时，会引起德国客户的不满，这很有可能就是你和这位德国商人的最后一笔生意了。

（4）德国商人做事谨慎小心，一切按规矩和制度行事。与德国商人交往，要注意事情的计划性。德国人在商业活动中，十分珍惜自己的商权。秩序被德国人视为生命，人们不仅把一切都安排得井井有条，而且时时、事事、处处都按规定、照计划恪守秩序。这一点在德国商人身上也得到了充分体现。德国商人有一样东西总是随身携带的，那就是记事本。德国商人心事都记录在本上，他们的一个习惯性动作就是伸手掏记事本，一句习惯用语就是：“请稍候，让我看看记事本。”记事本人人都有，大到公司经理，小到一般职员，甚至是勤杂人员，人手一本。德国商人做生意必先制订计划，就是公司购物也都要先列张购物单。那么他们可能早在一年前就开始制订计划了，然后进行比较。选择好委托或合作对象后，还要亲自与之详谈，直至一切准确无误，才把计划输入计算机。接下来还要对所去国家的人文地理、语言等做一番了解，这样一年后才付诸实行。

Skill Practice

假设你在 Aliexpress 上经营一家主营服装的网店，通过数据分析，你发现店铺的巴西客户和俄罗斯客户数量最多，你将如何分别针对这两国客户进行店铺营销和客服沟通?

第2章

售前沟通与服务

Pre-sales Communication & Service

学习目标

- 了解跨境电子商务里的在线交流工具和付款方式。
- 掌握售前服务的内容和常用回复表达方式。
- 掌握售前咨询服务过程中客服人员与客户的沟通技巧。

技能目标

- 能够寒暄、接待客户。
- 能够妥善处理和回复跨境电子商务客户对公司、产品的咨询。
- 能够妥善处理和回复跨境电子商务客户对产品价格、支付、物流的咨询。

一个完整的销售流程应当至少包括售前服务、售中服务和售后服务三个部分。售前服务是企业在顾客未接触产品之前所开展的一系列刺激顾客购买欲望的服务工作。在整个营销和销售系统链条中，售前服务是营销和销售之间的纽带，作用至关重要，不可忽视。

在跨境电子商务的平台上售卖产品，我们需要从公司、产品、物流、支付、价格以及活动等方面为客户提供信息和咨询。在本章节，我们将呈现当下流行的在线交流工具，售前常用语和典型的句式、往来的书信。售前常用语和典型的句式、往来的书信分为三大类：问候寒暄、提供信息、提供咨询。

Lead-in:

If you are an online seller,

1. How & what will you do if your customer comes to your online store?

2. How will you introduce a product to you customer?

3. How will you deal with & answer when your customer consults about your price, payment & logistics?

2.1 交流工具 Online Communication Tools

由于政策的支持，中国目前的跨境电子商务发展迅猛，主要的跨境电子商务品牌主要有速卖通，敦煌，Wish，eBay，亚马逊、天猫国际、洋码头、网易旗下考拉海购、蜜芽、香江商城旗下香江海购等。

不同平台有着不同的交流工具，接下来介绍一下各平台主要的交流工具。网络购物时，外国人一般不喜欢过多的寒暄与交流，由于习俗和时差的原因，与外商的沟通主要通过邮箱、站内信和订单留言。部分平台还开发了自己的在线即时通信工具，即供卖家及买家用户进行在线交流的软件。

2.1.1 国际版阿里旺旺 Alitalk

Trademanager 国际版（又称之为国际版阿里旺旺），简称 TM，软件是 alibaba.com 网站的在线即时通信工具，也是供阿里巴巴国际站的卖家及买家用户进行在线交流的软件，拥有在线沟通、联系人管理、消息管理、登录记录查询等基本功能，用户通过 trademanager 主动和同行业的买家进行交流联系，还可以直接登录到 My Alibaba 操作系统。对于卖家来说不仅仅拥有在线沟通而且支持旺铺、网站快捷入口、定位沟通对象以及文件图片互通等强大功能，方便买家与卖家更轻松的沟通。

2.1.2 敦煌平台 DHgate

为了方便卖家产品管理、双方沟通，订单交易等一系列操作，敦煌平台特地准备了敦煌通供商家使用，提高工作效率。敦煌通是为了方便买卖双方即时在线沟通交流的一种聊天工具，更加方便快捷地了解客户需求及问题。其功能如下：① 不仅仅能聊天，还能发送文件和截图；② 记录买家信息，简单快捷地管理自己的买家；③消息预知功能，提前知道客户输入的咨询内容；④ 随时查询导出聊天记录，多种搜索形式，快速锁定目标信息；⑤ 自定义问候语、自定义常见问题，提升回复速度和效率。

2.1.3 常见的聊天软件及工具 Common Chat Software and Tools

随着科技的发展，现在的手机都很智能了，有些在线的聊天工具和软件，不仅计算机可以用，还可以装到手机上，和客户随时随地联系。接下来简略介绍一下常见的聊天软件及工具及其功能。

（1）MSN

在线聊天工具，并且有对应的邮箱，是一款很早的也是很方便的在线聊天工具。它在世界的地位，犹如 QQ 在中国的地位。但是现在 MSN 被 SKYPE 绑定了，有些地方必须得绑定 SKYPE 才能用。

（2）SKYPE

一款很潮流也很方便的聊天工具，除了网上聊天外，也可以进行语音、视频交流。它最大的功能就是可以绑定你的电话，可以方便你和朋友间的联系。到 SKYPE 官网，购买充值卡，给远在异国的客人和朋友打电话。

（3）Viber

相比其他聊天软件来说，Viber 更高效快捷。用手机注册成功后，装上软件，同步到通讯录，就可以跟远在国外的使用同类软件的朋友畅所欲言了，普通流量就可以拥有高音质的服务。

（4）Whatsapp

使用 Whatsapp 的人数还是比较多的，其大部分用户都是中东和南美地区的，也有部分中国人。

（5）Facebook

登录 Facebook 网站必须要有翻墙软件的协助。客服在 Facebook 上可以看到客户的动态信息，也可以跟客户连线对话，建立群组等。这是一个不错的交友网站，可以看到可能认识的人，客户的朋友也可以加为好友，还可以进行关键词搜索寻找潜在客户，然后将其加为好友。

（6）Twitter

Twitter 是类似于 Facebook 的交友网站。

（7）QQ，Wechat

腾讯帝国的软件，现在很多老外也在用了，微信摇一摇，说不定能摇到外国客户！

（8）Google Talk

Google 集团推出的一般软件，相对而言，它不太稳定，速度慢。

（9）其他

国外喜欢的聊天工具还有许多，比如：camfrog，PalTalk，KIK，SKOUT，ICQ 等。

2.1.4 在线支付 On-Line Payment

跨境电子商务电子账户在线支付常用的是：货到付款、支付宝、财付通和网银。

阿里巴巴 Escrow Service 又称为国际支付宝，是阿里巴巴专门针对国际贸易推出的一种第三方支付担保交易服务，英文全称 Alibaba.com's Escrow Service。该服务现已全面支持航空快递、海运、空运常见物流方式的订单。并且航空快递订单和海运订单已经实现了平台化，买卖双方均可在线下单。

目前，国际支付宝支付方式方便，支持多种支付方式：信用卡、T/T 银行汇款、Moneybookers、借记卡。只要海外买家有信用卡账户，并开通网银功能，就可以方便地在网上进行付款操作。即使没有信用卡账户，买家也可以通过传统的 T/T、西联等方式进行付款，不会增加海外买家的任何额外操作成本。如果买家使用信用卡进行支付，资金通过美元通道，则平台会直接将美元支付给卖家。

交易安全是整个电子商务环节中最关键环节，通过使用阿里巴巴 Escrow 的交易，能有效避免传统贸易中买家付款后收不到货、卖家发货后收不到钱的风险。买家打的货款将在 Escrow 账户上被暂时冻结，等待买家确认之后直接放给卖家，保证货物和资金安全。Escrow 收到买家全部货款后才会通知卖家发货，帮助卖家规避收款不全或钱货两空的风险。

海外买家更倾向于和开通 Escrow 的卖家交易，因为 Escrow 丰富真实的交易记录可以提升买家的信任，而且减少与买家沟通成本，快速达成交易。目前阿里巴巴 Escrow 海运 / 空运只向买家收取 25 美元每笔的订单；航空快递服务费是每笔订单交易额的 3.09%。供应商不收费，供应商端需要承担的费用是，放款时花旗银行会收取 20 美元的手续费。

2.2 跨境电子商务售前信息推送 Pre-sales Consulting Service in Cross-Border E-Commerce

在跨境电子商务的平台上售卖产品，如何进行有效的沟通？在运营过程中，我们需要为客户推荐公司、产品。这章节首先着手撰写公司、标题、产品、活动时的要点。

买家在购买产品时，对于物流、支付、价格以及许多方面都会有质疑。如何打消买家的疑虑，减少客源流失，提高卖家的利益？这节从及时回复客户的咨询如价格、折扣、支付、跨境物流和运费，磋商价格、样品和运费等事宜和大家讲解关于“跨境电子商务常规售前问题”，如图 2-1 所示。

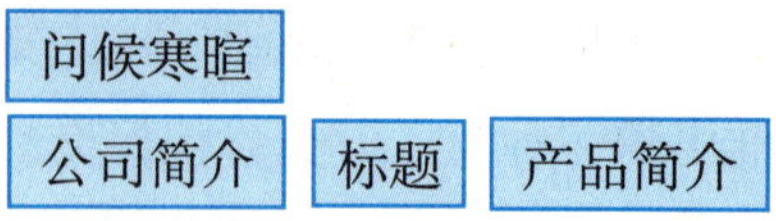

图 2-1 售前沟通主要内容

2.2.1 问候寒暄 Greetings

在线沟通时，会涉及问候、欢迎来客、提供帮助等寒暄语句。

问候寒暄时，要亲切，自然表现热情，常用语句如下：

Greeting	Hello/Hello, Dear Friend!
Welcome	Thanks for your visiting to my online store ! What may I do for you? Is there anything you like?

续表

Greeting	Hello/Hello, Dear Friend!
company & product	……
Further help	If you cannot find anything you like, you can tell us, and we will help you to find the source! Thanks again.

2.2.2 公司简介 Company Profile

在公司，我们会接触很多材料，诸如公司的历史、地理位置、技术、实力、荣誉和产品简介。那如何在众多的资料中，筛选出关键和有效的信息呢？如何更加有效地提供信息，从而达成交易？接下来，我们首先学习一下有效公司简介的撰写。

我们先来比较以下两篇卖家的简介。

简介 1：

Let me introduce our company.

Shaoxing Xintianhai Color Printing Limited Corporation was established in 2007. The company covers an area of 800 square meters with a total investment of RMB300,000. The existing staff is more than 100 people.

Upholding the principle of Quality First, Customers First, our company provides customers with a variety of beautiful and comfortable scarves.

Our products are very popular in both global market and domestic market.

简介 2：

We are one of the biggest suppliers of Electronic Shaver on AliExpress. With more than 3 years' experience in world trade, we are able to provide the best prices, the highest quality and the superior service. We inspect our products before shipping them out and provide a 1-year warranty for all products. We promise to give you a full refund if the products are not as described.

If you have any questions, please contact us. We are happy to help you.

它们各自的特点和优点是什么？

简介 1 用词更加得书面。很多刚入行的学院派的毕业生向客户推荐公司的时候，往往会写出这样的语句篇章。他们对于行业、产品的知识较为欠缺，对于文体结构、文字用词要求较高。在写信函中，习惯性地希望把文字写得很精彩，变换各种语法从句，常规行业用词、商业信息量却远远不够。

简介 2 的用词更加商业化，更能激发客户的关注和兴趣。它指出了公司经营的产品，提到了客户关注的价格、质量、服务、产品的质量保证和售后、退换等一系列信息。这些信息是达到推销目的的关键，与购买者的利益息息相关，也是买方最先关注、询问的信息。

因此，在公司简介中，应尽可能多、有技巧、恰当地呈现行业用词和商业信息量，而不是单一地只注重文采。

2.2.3 标题 Headline

接下来继续探讨在不同的途径和商务情景下，与客户进行有效的沟通时标题的句式和表达。

（1）无论是订单留言还是站内信或者相关聊天工具，要用直接、鲜明、简略并安全的信息文字激发客户的好奇心，吸引他们的注意力。如：① Latest technology, which can help you double your efficiency in some ways. ② “The latest and unique pattern”。

（2）大买家效应法。假设有一个大买家是 Shangri-La Hotel，那么标题可以采取“产品名称 + 大买家”，比如：towel supplier of Shangri-La Hotel for about 5 years，这样就起到大买家效应。新客户会因为你能够与大买家合作，而且具有合作多年的业绩，认同你的资质，相信你的推荐和对产品的描述，从而容易促成交易。

（3）认证吸引法。如果有些认证比较难通过而公司有通过此认证的资质，那么在推荐产品时，应凸显认证名称在标题中。那么对认证比较看重的客户就会跳过其他卖家，对你的产品采取进一步的询价行动。如：

Our company has joined the European Union global footwear certification organization STARA, and obtained the “CE” product quality certificate.（公司加入欧盟全球性鞋类认证机构“STARA”组织，并取得“CE”产品质量证书。）

2.2.4　产品简介 Product

1．产品简介概述

在产品方面，常常遇到的是材质、规格尺寸、使用方法以及其他问题。卖家在跟客户交流这方面的问题时需要据实相告，简要列出产品特点，避免造成纠纷。

如：jelly candles 果冻蜡烛（见图 2-2）

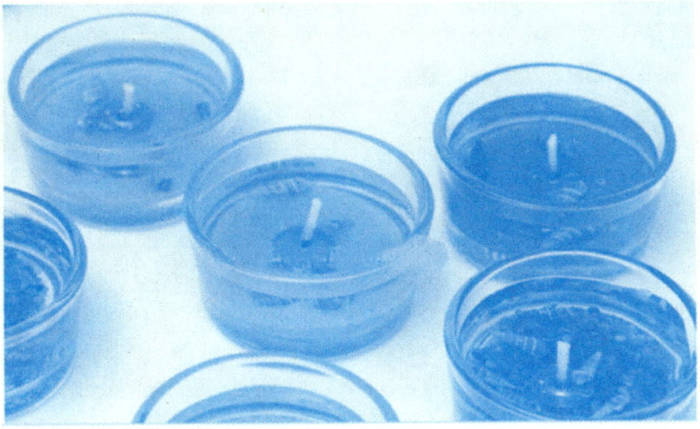

图 2-2　果冻蜡烛

Specifications overview：

Type:	Floating	Material:Paraffin Wax	Feature:Scented
Color:	Blue	Shape:Star	Handmade:Yes
Use:	Birthdays	Place of Origin:	Zhejiang, China (Mainland)
Brand Name:	yp	Model Number: GD-009	Jelly candle:mix

Packaging Details: Color box packing, then packing into export carton or as customer's requirement

Delivery Detail: 7-10 days after received the deposit

Features:

1) Material: glass, jar, jelly, wax

2) Shape: more shapes are available

3) Colors: more colors are available

4) Scent: more scents are available

5) Available with different colors, sizes, scent and packing ways to meet customers' requirements

6) Customers' designs are welcomed

7) Customized logo printing available

8) We can also supply jelly candles, plating candles, jar candles, floating candles, Christmas candle

9) Customers' designs are welcomed

又如：wholesale brazilian hair body /loose/spring/kinky wave hair extension human（见图 2-3）

图 2-3　巴西羊毛批发

Specifications overview：

Type: Hair Extension　Material: Human Hair

Human Hair Type: Brazilian Hair

Hair Grade: Remy Hair　Virgin Hair: Yes

Hair Extension Type: Hair Weaving

Style: wave/loose/body/straight　Place of Origin: Zhejiang, China (Mainland)

Weight: 95-100g　Length: 8"-30"

Brand Name: Ruolanni

Model Number: 050901

Hair material: hair extension human

Hair color: Natural #1b Color

Payment: Paypal

Quality: 100% Unprocessed Virgin Hair　Advantage: Retails

Hair type: 100% Human Remy Virgin Hair　Texture: Wave

Grade: 6A 7A 8A 9A 10A

Packaging & Delivery

Packaging Details:

wholesale brazilian hair body /loose/spring/kinky wave hair extension human

Inner packing: plastic bag

Outer packing: carton

We can provide different products for different customers.

Delivery Detail:

within 7days after payment

we are the most professional group in producing genuine hair.

HUMAN HAIR/ CURLY HAIR COMBINATION

We are the supplier of genuine hair products for over ten years, speclizing in hair made crafts, producing hair of high quality, the texture is guaranteed, we reject the inferior and mediocrity products, therefore, our products of superior quality meet perfectly your need..

100% Detail photos

Not only can we offer superior genuine hair product, but the custom-tailor catering to the customers' needs is also availabl

Do you know how good it is?

SUPERIOR QUALITY

1 HEALTHY AND ECO-FRIENDLY

2 INVIDIBLE NO TRACE

3 COMFORTABLE AND BREATHABLE

4 CAD BE DYE AND HOT

5 DURABLE SERVICE

	1. Mechanism of double edge Mechanism of double edge, Firmly lock the hair not loss! Edge tidy, and have fine workman-ship. 2. 100% human hair The hair in good quality, smooth and is not easy to knot, not bad, can be dye and has long service life, 3. Thick ends Thick ends, No shedding and split, have top qual-ity.

又如：

Power Supply	Electric
Place of Origin	Zhejiang China (Mainland)
Brand Name	PINEWELL
Model Number	PR-999
COLOUR	Some Colors

Production Capacity: 32767 Piece(s) Per Month

Packaging Details: Color box: window display box: clamshell: tube: white mailer box.

AC Motor Hair Clipper

Detailed Product Description

Description: Always use it on dry hair to make easier to control the length of the hair. The adjusting screws allow to control the power and are pressed before the delivery. Easy and quick to clean it by brush after cut the hair.

High quality silver and rubber finished cover. Shinny finished plastic material Hair Clipper. Complete set for the entire family.

1) Ceramic moving blade;

2) Stationary blade: high density titanium alloy steel;

3) For long sharpness;

4) Blade can be easy to take out and clean;

5) The cutting height can be adjusted from 0.8 - 2.0mm;

6) Cord and cordless;

7) Two High capacity NI-MH Battery (Can continue to use 2 hours);

8) High performance DC motor, (Made in Japan)

9) Good quality, durable and with low noise for professional and Personal Use.

Surgical hair clipper

a surgical hair clipper is having CE mark or approved by any international certifying body. Clipper should have following features

1. Water proof, both clipper body and blade, can be washed under running water

2. Could be used for Wet & dry hair clipping

3. Moving Blade base should not come in contact with the Skin, to ensure No Nick & Cuts on the skin during hair removal

4. Single time use disposable Blades has to be used with the electrical hair removing machine

5. Easy to install & remove the Blade from the machine-Snap on or slide in type of blade attachment will be preferred

6. Pivoting head or fixed head, allow to reach all the body contours

7. Nickel metal Hybrid battery (NIMH)

8. Rechargeable battery

9. Electrical operated at 220 V + 110 Volt

10. Clipper blades & machines should have our logo on the products. As mentioned above, we want to use "Disposable Blades" with reusable machine, therefore, please do let us know, will you be able to manufacture & supply the disposable blades instead of reusable blades continuously? Please keeping in mind that, this is a continuous business,

we will sign an annual purchase contract. Blades business is big; therefore, blade cost should be competitive.

Surgical Clipper

Product intended use Surgical Clipper is required for Clipping the body hair before the surgical intervention, instead of using a Razor shave (Safety Razor can cut the skin therefore, we want to use the hair clipper to ensure no damage to the skin). Clipper is required for removing the hair from the patient's body before the surgery, for example person has hair on his chest, and then before going for open heart operation, hair must be removed either by shaving or clipping, by using a hair trimmer. Machine may be rinsed under running tap water after finishing the hair clipping, in order to cleaning and disinfect the machine before using the same machine for another patient.

Powerful AC motor with adjustable blade-control level Precision cutting blade Hand-fitting body design for comfort use For all lengths & hair styles 220V-240V 50Hz or 100-120V 60Hz 13W 4 size attachment comb: 1/8" 3mm IScissors 1/4" 6mm I Cleaning brush 3/8" 9mmI Glade guard 1/2" 12mm I Instruction book (Have different language for choose) I Barber comb Keywords: AC Motor Hair Clipper, Professional AC Motor Hair Clipper,110V 220V AC Motor Hair Clipper.

2. 产品推荐信

产品推荐信为商务信函的一种，典型的产品推荐信有一些固定的内容，内容包括：称呼、正文、信尾敬语、签名。正文部分要提出产品名，概括新产品是什么，简要列出产品特点。在英文推荐信中，由于客户关心的更多是产品以及成本，所以我们一定要抓住重点。把产品特性放在英文推荐信的首位，同时，对客户的利益点要指出。

接下来来看一篇推荐信范文，试着去感受一下产品推荐信的结构和正文每段的典型表达方式。

Dear xxx:

Our ******（产品名）can provide excellent benefits to your company.

People with little or no art experience can still create their own masterpieces themselves!（一句话概括新产品是什么）

Products Features（简要列出产品特点）:

• Brand new and creative concept for DIY crafts;

• Easy to handle, amazing decor effects & exciting user experience;

• Great gifts for birthday, anniversaries, Christmas and Valentine's Day...

• Multi-purpose available: Scratchboard art could also be used as a clock and photo frame...

• Affordable High quality and museum class scratchboard, no toxic and environmentally friendly;

I look forward to hearing from you soon.

Yours

sincerely

Shirley

Website:

Tel. :

Fax.:

Functional expressions:

有时我们需要一些寒暄的语句，如：

This is ** from *** Co., Ltd. of China writing to you, hoping this mail finds you in your best time.

Thank you for taking a few minutes to read about our new product recommendation. We believe...

Thank you again for taking the time to consider our new product.

I'll be happy to send you samples for evaluation!

We sincerely hope you place the order ASAP!

And I also hope to be your friend in private!

If any questions, please contact me freely! Thank you!

Looking forward to your early order!

More products and information, please contact us

□ Size（尺码）

B: I am used to UK size 4, which size of the dress I shall choose?

S: Could you take a look at our detailed size data.

□ Quality（质量）

B: The dress is cheap, is that good enough?

S: Dear Daisy, thanks for the interest, you get the clothes low price, as it is directly shipped from our factory. Good quality product with attractive price is our way to continue business here.

常用句型：

1. Thanks for your visiting to my online store！感谢您访问我的网上商店！
2. What may I do for you? 我能为您做什么吗?
3. Is there anything you like? 有什么您喜欢的吗?
4. If you cannot find anything you like, you can tell us, and we will help you to find the source! 如果找不到您喜欢的任何东西，可以告诉我们，我们将帮助您找到货源！
5. We are one of the biggest suppliers of Electronic Shaver on AliExpress. 我们是阿里巴巴全球速卖通电子剃须刀最大的供应商。
6. With more than 3 years' experience in world trade, we are able to provide the best prices, the highest quality and the superior service. 我们有 3 年多以上的世界贸易经验，能够提供最好的价格，最高的质量和卓越的服务。
7. We inspect our products before shipping them out. 我们在出货前会检查我们的产品。
8. We provide a 1-year warranty for all products. 我们为所有产品提供 1 年的保修。
9. We promise to give you a full refund if the products are not as described. 如果产品没有如描述的，我们保证给您全额退款。
10. If you have any questions, please contact us. 如果您有任何问题，请与我们联系。
11. Material: 材料
12. Shape: 形状
13. Colors: 颜色
14. Scent: 气味

15. packing 包装

16. meet customers' requirements 满足客户需求

17. designs 设计

18. ... are welcomed. 欢迎……

19. ... are available. 有……

补充材料

5 种文案写作类型

以下 5 种经常被忽视的文案写作类型，如果注意了这些事项、要点，将给客户完全不同的感受，从而对销售产生巨大影响。

1. 改良无价值、单调、功能庞杂的产品描述

产品描述是一个雷区，甚至是有经验的文案人员也经常无法防止这种情况的发生。

比如在描述中强调各项功能很常见，但其实这个做法不一定正确。

买家当然想知道产品的功能和规格，但他们更想知道的是，这些功能将会如何改变他们的生活。这时可以使用一个流行的缩略词："WIIFM（What's in it for me?）"，也就是这个产品对我有什么好处。在这里，"我"指的就是买家。

如何将沉闷无趣的产品功能描述变成生动有价值的文案呢？

比如，如果你销售的是高功率的搅拌机，这时就要强调，你卖的不只是一台高功率的搅拌机，你卖的是一种更快更健康的饮食方式。

如果你销售的是夜间照明灯，这时就要强调，你不是在卖夜间照明灯给孩子们，而是在为疲惫的父母带去安稳的睡眠。

如果你销售的是奢华床，与其说"该床由枫木制成（maple wood frame）"，还不如考虑将其换成"该床由枫木制成，这能让你省去每五年换一次床的麻烦（Maple wood frame so you wouldn't have to change your bed every five years）。"

与其简单地说"加了衬垫、上过蜡、带有保护层的皮革床头板（cushioned, waxed leather headboard with protective coat）"，不如说成"加了衬垫、上过蜡的皮革床头板，能让你的头部感到安稳舒适，也不用担心会弄脏它（generously cushioned, waxed leather headboard to rest your head in comfort without worrying about staining it)。"

因此，一种流行的文案习作技巧就是：列出产品的每个功能，然后分别列出每个功能可以带来的好处。

最后，你需要在开始撰写产品描述之前，多多练习这种文案写作方式。

2. "个性"体现在首页上

人是社会性的动物，具有多方面的欲望和追求，现在流行的个人形象设计已成为一种庞大市场就说明了这个问题，"个性"网站具备此作用。"个性"网站是所有形式中最新颖、最直观、最高级的形式。

你的电商网站是大胆地"强调个性化"，还是和其他同类型网站看起来一样呢？

你的首页、"about"页面以及产品描述是否展示了品牌的格调、独特性和价值观？你用的语气是否足够独特，并且完全是你自己的风格？

举个例子，美国专卖节日贺卡和礼物的电商网站 Dayspring，只要看看他们的主页（见图 2-3），你就能知道这是一个强调"信仰"的网站。该网站的"信仰"就是鼓励顾客、提升顾客的热情、加强他们的信仰。

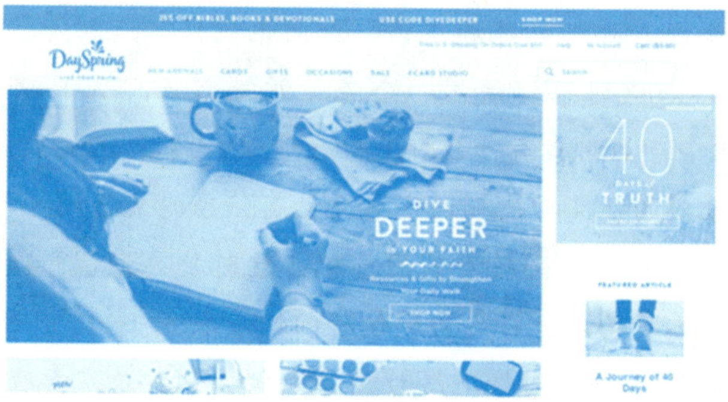

图 2-3　Dayspring 电商网站主页

Uncommon Goods 宣称他们的独特性不只在于产品，还在于他们定位产品的方式（见图 2-4）。一本简单装订的布面笔记本在他们手里变成了"永恒的家庭纪念品（lasting family keepsake）"、"珍贵经历的宝库（a treasure trove of experiences）"、"一本丰富多彩的个人回忆录：记录着第一次约会的回忆，毕生的友谊，有意义的故事和智慧的结晶。"

图 2-4 Uncommon Goods 页面

从他们的主页到产品描述再到他们的博客文章，其语气和姿态都是清晰、独特的，并完全展示的是自己的风格。

那么，应该如何在文案中增加个性化元素呢？

你要做的就是用心打磨你的品牌价值观和愿景，并把它融入到文案中。

你想让你的品牌以怎样的姿态被顾客熟知呢？是悠闲自得、平易近人还是高贵奢华？

你想用哪种语气写文案？是混合了趣味性和友好，还是正式与专业的融合？

我们要把网站作为个人宠物，每天细心照料，倾注个人的热情。分享各类实用的知识，使得网站呈现娱乐形式，自己喜爱的文字、图像、视听资料，可以放在个人网站中，增添多样性。

3. 重视品牌故事和社会认同感（口碑）

忽略品牌故事，会让更多的电商网站成为这个错误的牺牲品。

品牌故事并不是讲给学龄前儿童听的。顾客都喜欢听好的故事，所以如果你的网站没有述说你的品牌故事，你就失去了一个与受众群体互动的好机会。

苹果公司每发布一个产品就会讲述一个故事，人们买它的产品是因为他们想成为这个故事的一分子。

试着与你的顾客分享“Why”，也就是为什么你的顾客需要买你的产品？怎样通过你的文案体现出来？

把他们带到“幕后”，让他们看到最原始的、无保留的，甚至是有点“丑陋”的故事开端，以及这个故事的发展过程。

你会惊讶于给你发邮件或@你的顾客数，并且他们会留言，说他们是与你的故事产生了共鸣，才购买了你的产品。

这里有一个建议是：不要编造故事。好好花时间想想，你开始这项生意最初始的原因是什么？想想那段艰难的岁月，把你的故事写下来，千万不要编造！

另一种使用讲故事的方式是分享顾客的故事，或顾客的“社会认同感”。

为什么你的顾客喜欢你的有机食品婴儿品牌？你的产品能让父母更加容易喂养孩子吗？你能让父母放心他们的孩子食用的是无化学品的天然食品吗？

在你的主页、“about”页面、博客，甚至在产品描述中分享消费者的故事。

总之，利用“社会认同感”来述说故事是一个很好的方式，这能让你不使用营销说辞就达到销售的目的。

要完成一个融入品牌故事的电商产品文案，或能让顾客产生共鸣并愿意为之掏钱包的主页，并不是那么容易。

关键在于：你的顾客和你之间的关系。

当你在写产品描述的时候，你要把这写作过程当做是在跟一个真实的顾客交谈。就像你在亲自销售一件产品给别人一样，你需要用自己真实的语气和姿态。

向他们展示产品给他们带来的好处是什么，充分调动他们的感官，让他们度过一段奇妙的“旅程”。

了解他们的目的，解决他们的顾虑和问题。

分享你的品牌故事、你的“Why”（理念）、你的热情以及你的愿景。

与你的顾客真心交谈，你的转化率自然会上去。

4. 避免太多无用的形容词和填充词

“This doll is an adorably, sweet, pink plush toy that’ll make a great birthday present for your daughter or granddaughter（这是一个可爱、甜美、粉色的毛绒玩具，是为您女儿或孙女准备的绝佳生日礼物）。”

这句英文原文实际上没有什么错误，除了加了太多没有意义的形容词和填充词之外。

多余的形容词和填充词，会马上让最赏心悦目的描述变得画蛇添足，让买家感到困惑，并立马离开页面。

我们可以改成这样："A pretty-in-pink plush doll that'll make your five-year old squeal with delight.（一个漂亮的粉色毛绒娃娃，它会让您五岁的孩子高兴到尖叫）"。

这句话向卖家描绘了一幅画面，并准确地传达了产品描述。

写作文案的窍门是：一个名词前只用一个形容词，选出感官形容词，把无意义的填充词果断拿掉，比如"good"、"leading"、"best-in-class"、"nice"等。

5. 改良错误的格式和编辑

最后一点相当关键，就算是大型网站也会犯这种文案错误。

把大段大段的段落堆积在一起，而要点中只列出了产品功能，图片质量差，无法展示出产品的亮点，把产品口碑（体现社会认同感）放在底部或直接忽略。

产品描述的格式和编辑甚至比撰写描述本身更重要。

你需要润色、完善、精心装饰你的产品描述，让它满足以下这些标准：

- 在产品功能后面说明该功能能给买家带来的好处。
- 品牌故事和个性化元素首先突显。
- 使用有价值的形容词，切勿画蛇添足。
- 把语义模糊的词用事实替代。
- 文本段落之间用空格隔开，确保使用吸引人的高质量图片。

2.3 跨境电子商务售前咨询 Pre-Sales Consulting

跨境电子商务售前咨询主要内容如图 2-5 所示。

价格回复 | 样品、运费回复 | 支付 | 跨境物流

图 2-5 跨境电子商务售前咨询主要内容

2.3.1 价格回复 Price Reply

1. 报价

当有订单询价时，回复函应包含如下内容：感谢对方询价、希望与对方建立

业务、订单的条件和报价。示例如下：

Dear sir,

Thanks for your inquiry. We cherish this chance to do business with you very much. If you order a quantity of 1,000, we can offer you the bulk price of USD xxxx /piece with free shipping.

I look forward to your reply.

Regards

John

2. 买家砍价的回复

在交易过程中，经常遇到买家砍价的情形。在回复函中，首先要感谢对方的有意购买，然后欣然接受并给予理由。如果不能接受，要表示歉意并给予理由。同时，面对这样的潜在客户，要认真细致分析，促成交易达成，可以提供促成交易达成的一些附加条件。示例如下：

Dear Joathan,

Thank you for your interests in my item.

I am sorry but we can't offer you that low price you asked for. We feel that the price listed is reasonable and has been carefully calculated and leaves me limited profit already.

However, we'd like to offer you some discounts on bulk purchases. If your order is more than 10000 pieces, we will give you a discount of 5% off.

Please let me know for any further questions. Thanks.

Sincerely,

Jack

2.3.2 样品、运费回复 Reply on Sample and Freight

在交易过程中，买方会对样品、运费做出一些要求。常见的回复如下。

Sample 1：有偿样品

当买家希望提供样品时，对于有偿样品我们可以提供的回复如下：

The order of a single sample product costs USDxxxx with shipping fees included.

Sample 2：不能提供样品

如果买家希望提供样品，而贵公司不支持样品时，则可以这样回复：

Dear Mike,

Thank you for your inquiry. I am happy to contact you.

Regarding your request, I am very sorry to inform you that we are not able to offer free samples.

To check out our products, we recommend ordering just one unit of the product (the price may be a little bit higher than ordering by lot).

Otherwise, you can order the full quantity. We can assure the quality because every piece of our product is carefully examined by our working staff. We believe trustworthiness is the key to a successful business.

If you have any further questions, please feel free to contact me.

Best Regards,

Michelle

Sample 3：不同意买家免运费的要求

另外，如果买家不仅希望提供样品，又希望我们支付运费，若我们不同意支付运费，则可以这样回复：

Dear sir,

Sorry, free shipping is not available for orders sent to America. But we can give you a 3% discount of the shipping cost.

John

常用句型：

1. We cherish this chance to do business with you very much. 我们很珍惜这次与你做生意的机会。

2. If you order a quantity of 1,000, we can offer you the bulk price of USD xxxx /piece with free shipping. 如果你订购 1000 件，我们可以为你提供批发价格，每件 xxxx 美元，免运费。

3. Thank you for your interests in my item. 谢谢你对我们的产品感兴趣。

4. I am sorry but we can't offer you that low price you asked for. 我很抱歉，但我们不能报你所要求的低价格。

5. We feel that the price listed is reasonable and has been carefully calculated and leaves me limited profit already. 我们认为，所列的价格是合理的，并已仔细计算，只留给我有限的利润。

6. We'd like to offer you some discounts on bulk purchases. 如果大批量购买，我们会为您提供一些折扣。

7. We will give you a discount of 5% off. 我们会给您 5% 折扣。

8. We recommend.... 我们推荐……

9. Every piece of our product is carefully examined by our working staff. 我们的每一件产品都是由我们的工作人员仔细检查。

10. Free shipping is not available for orders sent to America. 订单发送到美国不包邮。

2.3.3 支付 Payment

每一家跨境电子商务的店铺都对支付做出了一些规定，如：

Payment:

- We accept alipay here.
- Escrow is our preferable payment.
- All major credit cards are accepted through secure payment processor ESCROW.

选择 escrow，并提醒折扣快结束了，示例如下：

Hello X,

Thank you for the message. Please note that there are only 3 days left to get 10% off by making payments with Escrow (credit card, Visa, MasterCard, moneybookers or Western Union). Please make the payment as soon as possible. I will also send you an additional gift to show our appreciation.

Please let me know for any further questions. Thanks.

Best regards,

(Your name)

常用句型：

1. We accept Alipay here. 我们这里接受支付宝。

2. Escrow is our preferable payment. Escrow 是我们付款的首选。

3. All major credit cards are accepted through secure payment processor Escrow. 通过安全支付处理器 Escrow，所有主要信用卡都被接受。

4. Please note that there are only 3 days left to get 10% off by making payments with Escrow. 请注意用 Escrow 支付打九折的活动只剩 3 天了。

2.3.4 跨境物流 Logistics

物流是指物品从供应地向接收地实体流动的过程。在物品的流动过程中，根据实际需要，它包括运输、储存、装卸、包装、流通加工、配送、信息处理等基本功能活动。物流由商品的运输、仓储、包装、搬运装卸、流通加工，以及相关的物流信息等环节构成。跨境电子商务物流路途遥远，涉及的物流费用较高，各企业均采取各种方式减少物流成本，有些建立海外仓，有些企业与国内的物流企业形成长期合作关系，有了较为实惠的物流价格。因此，明确物流方式和与客户说明费用，是卖家必须要做的事情。物流的费用占了产品成本的一部分。

每一家跨境电子商务的店铺都对物流做出了一些规定，如：

Shipping:

- We will ship out your order within 3-5 days once your payment has been verified by AliExpress. If the product is out of stock, it may delay 2-5 days.
- Items are shipped from China using Airmail and reach most of the countries within 10 to 25 business days.
- Delivery time depends on destination and other factors and it may take up to 30 business days.

Sample 1：卖家发货到达时间邮件模板

Dear Jack,

Thank you so much for your great support on us.

Usually it takes about 7-12 days for the item to reach you.

Any question, feel free to contact us and we will reach you at the soonest.

Best regards!

Sample 2：有时，我们会接到客户这样的要求

Hello，but I do not want by DHL.

DHL delivery to my house is USD130, but I only pay USD8 sending by EMS.

If you send by DHL, I will not accept the order.

Thanks!

在进行妥善安排后，我们可进行如下回复：

We are happy to inform you that your order can be sent via EMS express!

Sample 3：有时，遇到节假日或特殊时期，我们对物流做出了新的安排，表述如下:

We upgrade the logistics arrangement to make up the delay for the Chinese New Year Holiday, but it would still reach you about 7-10 days later.

We hope you would like our products. Welcome to visit us again!

Best regards!

Sample 4：因为物流风险，卖家无法向买家所在国家发货时给出的回复如下:

Dear X,

Thank you for your inquiry.

I am sorry to inform you that our store is not able to provide shipping service to your country. However, if you plan to ship your orders to other countries, please let me know. Hopefully, we can accommodate future orders.

I appreciate for your understanding!

Sincerely,

(Your name)

Sample 5：买家询问是否有直销航运，此时可以回复:

B: Can you directly deliver the dress to my address?

S: Dear Daisy, We offer the shipping service. You can simply specify the shipping address and we will deliver the order to your designated address.

常用句型:

1. We will ship out your order within 3-5 days once your payment has been verified by AliExpress. 一旦您的付款通过速卖通验证，我们将在 3～5 天内对您的订单发货。

2. If the product is out of stock, it may delay 2-5 days. 如果产品缺货，这可能会延迟 2～5 天。

3. Items are shipped from China using Airmail and reach most of the countries within 10 to 25 business days. 中国的物品用航空邮件运送，将在 10 到 25 个工作日到达大多数国家。

4. Delivery time depends on destination and other factors and it may take up to 30 business days. 交货时间取决于目的地和其他因素，可能需要30个工作日。

5. Thank you so much for your great support on us. 非常感谢你对我们的大力支持。

6. We are happy to inform you that... 我们很高兴向你介绍……

7. Your order can be sent via EMS express! 您的订单可以通过 EMS 特快发送!

8. We upgrade the logistics arrangement. 我们升级了物流安排。

9. Welcome to visit us again! 欢迎再次光临我们的店铺!

10. Our store is not able to provide shipping service to your country. 我们的商店无法提供去您所在国家的物流服务。

11. We can accommodate future orders. 我们可以妥善处理未来的订单。

12. You can simply specify the shipping address and we will deliver the order to your designated address. 您只要明确送货地址，我们将把订单货物发送到您指定的地址。

2.4 跨境电子商务售前服务
Pre-sale Services in Cross-border E-Commerce

售前服务的主要目的是协助客户做好工程规划和系统需求分析，使得我们的产品能够最大限度地满足用户需要，同时也使客户的投资发挥出最大的综合经济效益。售前服务的内容多种多样，主要是提供信息、市场调查预测、产品定制、加工整理、提供咨询、接受电话订货和邮购、提供多种方便和财务服务等。跨境电子商务的售前服务具体表现在促成交易、提供信息。

促成交易表现为以下几方面：客户询价后，库存不多，催促下单；客户下单后，没有及时付款，需提醒买家尽快付款；采取多渠道赢取客户下单，如对于回复不够及时，表示歉意如图 2-6 所示。同时通过主动打折，给予订单截止日期的方式赢取客户。

图 2-6 促成交易表现

对于交易过程中的疑问，要深入了解并及时告知客户，如解释海关税 (customs tax)；如遇折扣、断货的情况，应及时告知客户；如有假日活动也可向买家推荐产品信函，如图 2-7 所示。

图 2-7 解释交易过程中的疑问

跨境电子商务平台数据显示，在买家通过邮件询盘产生的订单中，90% 以上是在买家发送询盘的 24 小时内回复的！海外买家来了很多询盘，在买家发送询盘的 24 小时内回复，才有最大的概率把询盘变成实实在在的订单呀！

Sample 1：询价后，催促下单，库存已不多

Dear X,

Thank you for your inquiry.

Yes, we have this item in stock. How many do you want? Right now, we only have X lots of the X color left. Since they are very popular, the product has a high risk of selling out soon. Please place your order as soon as possible. Thank you!

Best regards,

(name)

要点：强调货物受欢迎，不能保证库存满足其需求。

Sample 2：因为周末导致回复不够及时，表示歉意！

Dear X,

I am sorry for the delayed response due to the weekend. Yes, we have this item in stock. Please let me know if you have any further questions. Thanks.

Best Regards,

(Your name)

因为错过了最佳 24 小时回复时间所以可通过主动打折，给予订单截止日期的方式赢取客户。

And to show our apology for our delayed response, we will offer you 10% off. Please place your order before Friday to enjoy this discount. Thank you!

要点：态度要诚恳，必要时给客户优惠以挽回客户。

Sample 3：提醒买家尽快付款模板

Dear X,

We appreciated your purchase from us. However, we noticed you that haven't made the payment yet. This is a friendly reminder to you to complete the payment transaction as soon as possible. Instant payments are very important; the earlier you pay, the sooner you will get the item.

If you have any problems making the payment, or if you don't want to go through with the order, please let us know. We can help you to resolve the payment problems or cancel the order.

Thanks again! Looking forward to hearing from you soon.

Best Regards,

(Your name)

Dear X,

We appreciate your order from us. You have chosen one of the best-selling products in our store. It's very popular for its good quality and competitive price. Right now, we only have X lots of the X colors left. We would like to inform you that this product has a high risk of selling out soon.

We noticed that you hadn't finished the payment process for the order. We'd like to offer you a 10% discount on your order, if you purchase now, to ensure that the product doesn't sell out. We will ship your order within 24 hours once your payment is confirmed. If you need any help or have any questions, please let us know.

Best Regards,

(your name)

要点：强调货物受欢迎，若未能及时付款无法保证及时发货。

Sample 4：发生断货 (out of stock) 时，回复的模板如下：

Dear X,

We are sorry to inform you that this item is out of stock at the moment. We will contact the factory to see when they will be available again. Also, we would like to recommend to you some other items which are of the same style. We hope you like them as well. You can click on the following link to check them out.

http://www.aliexpress...

Please let me know for any further questions. Thanks.

Best Regards,

(Your name)

要点：推荐类似的货物给客户。

Sample 5：告知客户 Discount（折扣）时的模板如下：

Dear Daisy,

Thanks for your message.

The price we offer is lower than the market price. And as you know, as the shipping cost is really high, our profit margin for this product is very limited. However, we can offer you a XXX % discount if you purchase more than XXXX pieces in one order.

要点：强调利润不高，只能在量多的基础上打折。

Sample 6：涉及海关税 (customs tax) 时，可向客户回复：

Dear Mike,

Thank you for your inquiry and I am happy to contact you.

I understand that you are worried about any possible extra cost for this item. As to specific rates, please consult your local customs office.

Based on the past experience, import taxes fall into two situations: First, in most countries, it did not involve any extra expense on the buyer side for similar small or low-cost items. Second, in some individual cases, buyers might need to pay some import taxes or customs charges even when their purchase is small.

I appreciate for your understanding!

Sincerely,

John

要点：让客户有心理准备，有可能会征收海关税。

Sample 7：假日向买家推荐产品信函

假日是推销产品的绝佳时机。因此商家应充分把握好节假日商机，在节假日进行营销计划，采取假日优惠。

我们来看一篇产品假日推荐信函。

Dear sir,

As Christmas/New year/... is coming, we found ******（产品名）has a large potential market. Many customers are buying them for resale on Ebay or in their retail stores because of its high profit margin. We have a large stock. Please click the following link to check them out. If you order more than 10 pieces in one order, you can enjoy a wholesale price of USD3000. Thanks!

Regards

John

要点：及时推荐折扣和促销产品。

Skill Practice：模拟往来邮电

Jinjiang Jinghong Trading Co., Ltd. 在 Aliexpress 上经营一家网店卖鞋子。

About us

Jinjiang Jinghong Trading Co., Ltd. is related Quanzhou Chaoyuan shoes co,, LTD., a registered capital of 1 million, is located in Fujian Quanzhou and specialize designing and processing production LED shoes, Casual shoes, Sports shoes, children's shoes. Production design concept comes from foreign classic original LED shoes products, since 2015, the products received high praise from around the world, such as Britain, France, the United States, India, dubai and Russia, South Korea and so on more than 30 countries and regions. After we continue to improve quality, elegant style and good collocation effect, our led shoes are obtained with the demand of the market abroad, win a large number of foreign favour and nod. The company always adhere to the "innovation, quality, service, save, respect-work, Thanksgiving" concept. Absorb new ideas, strictly the quality pass, the omni-directional service tracking, insist to make high quality products. Now we have a number of capable management personnel and a high-quality professional technical team, comfortable and elegant office environment and 1000 square meters of modem standard factory building. We take the quality as the life, the time for the prestige, the price for competitive management belief, based in China shoes city-Jinjiang

Mr. John 向你咨询了一双鞋，

2017 Women Casual Shoes Platform Shoes Fashion Spring Autumn Women Shoes flats Breathable trainners ST58

Discount Price:

US $11.90-14.90/Pair　50% off　2 days left

Fits：

Fits larger than usual. Please check this store's sizing info

Shipping:

Free Shipping to United States **via** ePacket

Estimated Delivery Time:

12-20days

Quantity: 1 Pair (*1455 Pair available*)

Store Promotion:

Get a US $2.00 coupon

Return Policy

Returns accepted if product not as described, buyer pays return shipping fee; or keep the product & agree refund with seller. View details

Seller Guarantees:

On-time Delivery 27 days

Item specifics

Brand Name: XEK

Upper Material: PU

Flats Type: Flat Platform

Occasion: Casual

Pattern Type: Solid

Closure Type: Lace-Up

Toe Shape: Round Toe

Outsole Material: Rubber

Model Number: women sneakers

Season: Spring/Autumn

Insole Material: Rubber

Lining Material: Cotton Fabric

Fit: Fits larger than usual. Please check this store's sizing info

Fashion Element: Sewing

Item Type: Flats

Department Name: Adult

Shipping Company	Shipping Cost	Estimated Delivery Time	Tracking Information
ePacket	Free Shipping	12-20 days	Available
EMS	US $26.36 You save: US $26.36 (50%)	12-21 days	Available
DHL	US $47.89 You save: US $47.89 (50%)	6-13 days	Available

Packaging Details

Unit Type: Pair

Package Weight: 0.75kg (1.65lb.)

Package Size: 30cm x 20cm x 10cm (11.81in x 7.87in x 3.94in)

作为业务员的你，

1. 该如何向他推荐产品？
2. 简要列出该产品特点。
3. 写一个富有产品特色的标题。
4. 对产品的价格、物流、支付等的说明。

第3章

售中沟通与服务

Communicating and Serving the buyers

学习目标

- 了解售中服务的内容。
- 掌握处理客户订单的方法和技巧。
- 掌握货运过程中客服人员与客户的沟通技巧。

技能目标

- 能够妥善处理客户的未付款订单和已付款订单。
- 能够应对货运过程中可能遇到的各种情况。
- 能够推介关联产品和处理特殊订单。

售中是指从买家下单后到买家签收货物这个阶段。售中沟通与服务是体现卖家服务质量的重要环节，包括在线即时交流，邮件交流以及部分口语交流等形式。

Lead-in

If you are an online seller,

1. What you will do if your customer don't pay for the products even though he/she has already placed the order?

2. What kind of services you can offer to your customers after you send

the products to them?

3. When is a good time to recommend a new product to your customer?

4. What you can do if your customers cannot receive their packages within expected date due to holiday, bad weather or some other reasons?

3.1 收到订单 After Receiving the Order

客户在下单之后，不一定会及时付款。对于买家已经拍下但还未付款的订单，卖家不可以直接关闭订单。针对客户下单之后半天内未付款,2天内未付款的情况，卖家可以通过订单留言、站内信或者相关聊天工具进行催付款，提高产品付款率。如果客户下单超过 2 天仍未付款，则可以放弃该客户。

若买家下单后已及时付款，则需根据买家留言及时告知发货信息。若买家付款后，其未通过平台资金风控审核，或者由于卖家库存无货不能及时发货的，卖家需及时与买方沟通，引导客户及时解决问题。收到订单后客服的主要工作具体如图 3-1 所示。

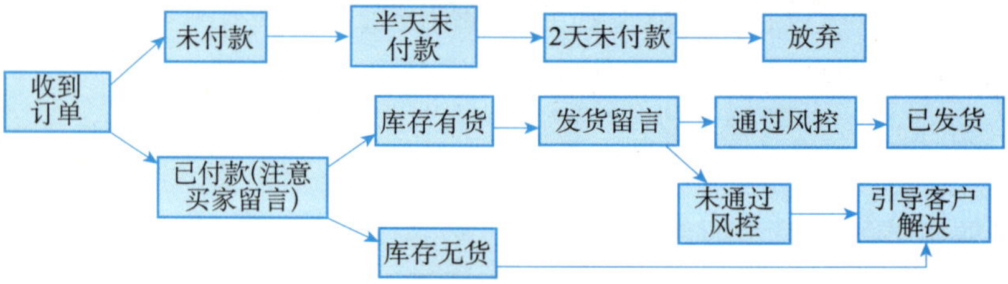

图 3-1 卖家收到订单后的处理流程

3.1.1 催促付款 Urging the Payment

有些买家下了订单以后，却迟迟不付款，如果不及时跟进，将会导致订单过期或取消。因此，在买家下单未付款时，作为卖家应及时通过站内信或邮件跟客户联系，以保证订单不流失。

1. 提醒买家付款（通用）

一般情况下，客户下单后没有及时付款，可以提醒客户若有产品的价格、尺寸等相关问题，可以及时告知，还可以提醒客户付款后会尽快发货。

Sample 1

Dear customer,

We have got your order of ***. But it seems that the order is still unpaid. If there's anything I can help with the price, size, etc., please feel free to contact me.

Once the payment is confirmed, I will process the order and ship it out as soon as possible.

Thanks!

Best Regards

(Your name)

2. 针对无等级买家，客人可能不会付款

此模板用于客户是新手的情况，可能客户不太熟悉付款流程。此时应该向客户介绍具体的付款流程，同时告知客户如果还有疑问可尽快联系。

Sample 2

Dear customer,

We appreciated your purchase from us. But we noticed that you haven't made the payment yet. You may not know how to pay.

This is a detailed payment process links:***********

If you have any questions about payment, or any other reason that you don't want to go to complete the order, please let us know.

We can help you solve the question of payment or make any changes to the order.

Thanks again! We are all looking forward to get your answer as soon as possible.

Best regards,

(Your name)

3. 针对客户下单后半天未付款的情况

客户拍下产品半天内还没有付款，有可能还处于对产品的犹豫期。此时应该用 1 ～ 2 句话概括产品的特点，以强化客户对产品的信心。如：可以说明产品 high quality with competitive price，也可以说产品 popular，同时还可以提示 instant payment。但注意不要过分强调，以免客户反感。

Sample 3

Dear Customer,

Thanks for your order.

The item you selected is a one with high quality / a most fashion / most popular one with competitive price. You would like it.

Since they are very popular, the product may sell out soon. Instant payment can ensure earlier arrangement to avoid short of stock.

Thank you and awaiting your payment.

Best Regards,

(Your name)

4. 针对客户下单后 2 天未付款的情况

若客户下单后 2 天内还未付款，且之前发送的邮件也没有回复，则有可能是客户觉得价格高了或者找到了更便宜的卖家。此时可以告知客户产品利润很薄，但是愿意给予一定的折扣以促成交易。

Sample 4

Dear friend,

We found you haven't paid for the order you placed several days ago. The payment process has already been sent to you and I think you have already known how to pay.

Our profit margin for this product is very limited. But if you think the price is too high, we can give you a discount of 3%. Hope you are happy with it and you are welcome to contact me if there's anything else I can help with.

Best Regards

(Your name)

5. 提醒客户库存不多，请尽快付款

如果在活动期间订单量较大，为避免断货导致客户不能购买到其想要的产品，可以提醒客户产品库存不多，请尽快付款，否则有可能会断货。

Sample 5

Dear friend,

Thank you for your inquiry.

You have chosen one of the best-selling products in our store. It is very popular for its good quality and competitive price. We have only 10 pieces of blue T-shirt left now. We would like to inform you that this product may be sold out soon.

We noticed that you hadn't finished the payment process for the order. To ensure that the product won't be sold out, we will ship your order within 24 hours once your payment is confirmed. If you need any help or have any questions, please let us know.

Best regards,

(Your name)

6. 提醒折扣 / 活动快要结束

如果促销活动快要结束，买家下订单后迟迟没有付款，卖家可以提醒买家早日付款以免错过折扣 / 活动。

Sample 6

Dear friend,

Thank you for the message. Please note that there are only 3 days left to get 10% off by making payments with Escow (credit card, Visa, MasterCard, money bookers or Western Union). Please make the payment as soon as possible. I will also send you an additional gift to show our appreciation.

Please let me know for any further questions. Thanks.

Best regards,

(Your name)

7. 由于回复不及时错过客户的咨询

周末或者节假日有可能导致回复不够及时，可以先表示歉意，因为错过了最佳的 24 小时回复时间，所以卖家也可以通过主动打折的方式来赢取客户。

Sample 7

Dear friend,

I am sorry for the delayed response due to the weekend(or holiday). We do have this item in stock. And to show our apology for the delayed response, we will offer you 10% off. Please make the payment before Friday to enjoy this discount. Thank you.

Please let me know if you have any further questions.

Best regards,

(Your name)

注：若客户下单后 2 天还没有付款，且发送的 2 封邮件也没有回复，则可以放弃该客户。

常用句型：

1. If there's any problem with the price, size, etc., please feel free to contact me.

如果在价格、尺码等方面有任何问题，请尽管联系我。

2. Once the payment is confirmed, I will process the order and ship it out as soon as possible.

一旦确认已付款，我将马上执行订单并尽快发货。

3. Since they are very popular, the product may sell out soon.

由于该货紧俏，随时都有断货的可能。

4. Instant payments are very important; the earlier you pay, the sooner you will get the item.

及早付款很重要，越早付款就越早收到货。

5. We can give you a discount of 3%.

我们可以提供 3% 的折扣。

6. Please note that there are only 3 days left to get 10% off by making payments with Escow (credit card, Visa, MasterCard, money bookers or Western Union).

请注意用 Escow (credit card, Visa, MasterCard, money bookers or Western Union) 支付有九折的优惠活动只剩下 3 天了，请尽快支付。

3.1.2　买方付款后的处理 After Payment

买方下单后的 24 小时内，速卖通风控部门会对买家的资金做审核，如果发现资金来源有问题，平台会关闭交易。若未通过风控部门的审核，需要及时与买家沟通。若过了风控部门的审核就会出现让卖家填发货通知单，就是物流信息。

1. 买方已付款，但库存无货

可直接向客户推荐类似的产品，并提供相应的链接。如果客户经过考虑后决定取消购买，可以告诉客户取消流程。

Sample 1

Dear Customer,

Thanks for your order. However, the product you selected has been out of stock. Would you consider whether the following similar ones are also ok for you:

http://www.aliexpress.com/store/product/*******1.html

http://www.aliexpress.com/store/product/*******2.html

If you don't need any other item, pls apply for ‘cancel the order’.And please choose the reason of “buyer Ordered wrong Product” . In such case, your payment will be returned in 7 business days.

Sorry for the trouble and thanks so much for your understanding.

Best Regards

(Your name)

2. 资金未通过风控审核

当买家的订单因为未通过风控部门的审核被关闭后，卖家要给买家留言，告诉他 / 她可以另下一个新的订单，然后用别的支付方式付款。要尽量留住客户。

Sample 2

Dear Customer,

I am sorry to tell you that your order has been cancelled because your credit card has not been approved by Aliexpress. If you want the item now, we have prepared for you and you can make a new order. Besides, you can pay through Western Union, T/T payment or other ways too.

Also, please contact with the Ali initiatively! Good luck!

Best regards,

(Your name)

3. 资金通过风控审核，且库存有货

通过风控部门的审核后，卖家要尽快发货，同时跟买家确认地址和电话。此外，为了避免通关可能遇到的麻烦，卖家要先和买家沟通报关单上的货名与货值。这里还需要告诉买家产品的具体安排，同时对买家说明产品的质量以及检查事项，请买家放心，以消除买家的疑虑。

Sample 3

Dear Valuable Customer,

Thank you for your order and fast payment.

Your item will be arranged within 24-48 hours to get courier No. and it would take another two days to be online for tracking. By the way,

1) Please confirm your address, post code and phone number is updated without change (Russian customers must give us the receiver's full name).

2) To avoid high import taxes, we usually declare the item name "xx" and item value "under USD 50" , is it OK?

Any special requirements will be replied within 24 hours. We would check the product quality and try our best to make sure you receive it in a satisfactory condition.

Thanks for your purchase and we will update courier No. to you soon.

Best Regards

(Your name)

4. 通知发货

客户下单付款后都希望能尽快收到货物，但由于卖家发货后填写的发货信息

要 1 ～ 3 个工作日才能更新。因此，当买家付款后，卖家最好能在最短的时间内发货。发货后应及时填写物流单号，并第一时间联系买家，告知物流运送情况。

Sample 4

Dear Customer,

Thank you for shopping with us.

We have shipped out your order (order ID: **************) on June 21th by China Post Air Mail. The tracking number is *************.

It will take 20-30 workdays to reach your destination. But please check the tracking information for updated information. Thank you for your patience!

If you have any further questions, please feel free to contact me.

Best Regards,

(Your name)

除了告诉客户单号、查询网址以及物流大致需要的时间，还可以提醒客户给我们五星评价及反馈信息。

Sample 5

Dear Customer,

Thanks for your order. The product has been arranged with care.

The tracking number is *************. You may trace it on the following website after 2 days:

http://www.17track.net/index_en.shtm

Kindly be noticed that international shipping would take longer time (7-21 business days for China post,3-7 for EMS). We sincerely hope it can arrive fast. And you can be satisfied with our products and services.

We would appreciate very much if you may leave us five-star appraisal and contact us first for any question, which is very important for us.

We treasure your business very much and look forward to serving you again in the near future.

Best Regards

(Your name)

常用句型：

1. The product you selected has been out of stock. Would you consider whether the following similar ones also ok for you.

你所挑选的商品已经没有存货了。你可以考虑用以下类似的产品替代吗？

2. I am sorry to tell you that your order has been cancelled because your credit card has not been approved by Aliexpress.

很抱歉地告诉您由于您的信用卡没有通过速卖通的资金风控审核，订单被取消了。

3. Your item will be arranged within 24-48 hours to get courier No. and it would take another two days to be online for tracking.

您所购买的产品的订单号将在 24 ～ 48 小时内取得，之后大约 2 天即可上网查询物流状况。

4. We have shipped out your order (order ID: **************) on June 21th by China Post Air Mail. The tracking number is *************. It will take 20-30 workdays to reach your destination.

我方已于 6 月 21 日将您的订单通过中国邮政航空小包发出（订单号：**************）。物流跟踪单号为 *************。20 ～ 30 个工作日即可达到。

3.2 物流跟踪Package Tracking

货物发出后，并不意味着卖家工作的完结，而是要经常跟踪包裹并把进展情况及时地告诉买家。良好的物流能够提高买家的购物体验。良好的物流体验包括发货速度、物流运送时间、货物完整与否、送货员的服务态度等重要内容。

在物流跟踪的过程中，需要从以下两个方面与客户沟通，为客户提供相关服务：一是货运途中可能遇到的情况；二是货运相关进展。货物发出后，有可能会遇到各种问题，例如，物流信息几天内都未能及时更新；货物长时间在途，且在预期时间内未到达客户所在国家；确认收货超时，依然未妥投甚至出现货物丢失；卖家由于特殊原因需要更换快递公司等。这些都会引起买方的不满，需要及时与买家沟通，避免买家提起纠纷。如果货物能够顺利出运，则卖家最好能够根据物流显示的信息在货物抵达海关、到达买方当地邮局以及货物妥投后及时告知买家，争取买家收货后能给予好评。卖家需要提供的具体的物流跟踪服务内容如图 3-2 所示。

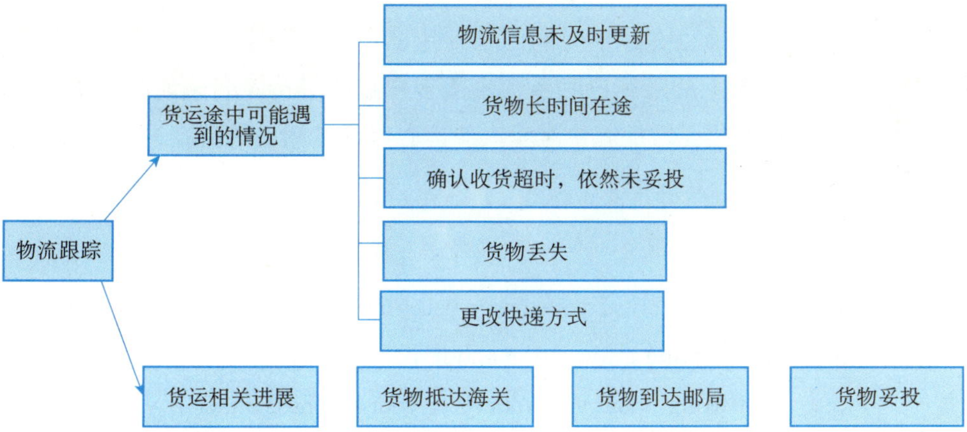

图 3-2 卖家在物流跟踪环节须提供的服务

3.2.1 货运途中可能遇到的情况 Logistics Probability

货物发出后，有时候物流并不能一帆风顺，会遇到各种各样的问题。这时卖家应主动与买家沟通，避免买家提起纠纷或者留下不好的印象。若货物能够在预计时间内顺利到达，卖家也需要及时告知买家相关货运进展情况。

1. 物流信息未及时更新

买家普遍希望尽快收到购买的物品，在得知快递单号后往往会主动查询物流信息。但如果物流信息几天内都未能及时更新，买方会比较着急。此时可以主动与买家联系，请买家耐心等待。

Sample 1

Dear customer,

As we all know, it's the busiest part of the shopping season and the logistics companies are running at maximum capacity.

Your delivery information has not been updated yet, but please don't worry about it. We will let you know as soon as the update is available.

Thank you for your patience!

Best Regards

(Your name)

2. 货物长时间在途

货物长时间在途，且在预期时间内未到达客户所在国家，这也容易引起客户的不满。此时也需要主动跟客户联系，希望客户耐心等待。若未能收到货物，会重新补发或者全款退回，增加客户对卖家的信心以继续耐心等待。

Sample 2

Dear customer,

If you haven't received your order yet, please don't worry about it. We just checked the tracking information and it's on its way!

Please don't worry about your money or your purchase either. If you do not receive your package, we will resend your order, or you can apply for a full refund.

If you have any questions or problems, contact us directly for help. Thank you for your patience and cooperation.

Best Regards

(Your name)

3. 确认收货超时，依然未妥投

若发生这种情况，客户会严重不满，卖家需要告知买家物流的大致情况，并且告知买家会给他延长收货时间，请买家不要提交纠纷。

Sample 3

Dear customer,

We have checked the tracking information and found your package is still in transit. This is due to the overwhelming demand for logistics this shopping season.

We have also extended the time period for you to confirm delivery.

If you have any questions or problems, please contact us directly for assistance, rather than submitting a refund request.

We aim to solve all problems as quickly as possible!

Thanks!

Best Regards

(Your name)

4. 货物丢失

在有些情况下，包裹长时间未妥投，也无法查询到物流信息，此时卖家应该主动与客户沟通，告知包裹可能丢失，请客户申请退款或重新下单。若客户愿意重新下单，将给予特别折扣。

Sample 4

Dear customer,

I am sorry to tell you that we still cannot get the tracking information and I'm afraid the package might be lost by China Post. I suggest that you apply for refund. If you still want to buy these products, you can place the order again and I will offer you special 10% discount.

Thank you for your patient and looking forward to doing business with you again.

Best Regards

(Your name)

5. 更改快递方式

客户下订单后最希望得到的服务就是能够尽快顺利地收到包裹。因此，作为卖家首先要按买家的要求来选择快递公司。如果由于特殊原因需要更换快递公司，卖家须及时与买家沟通，并要把更换后的包裹运单号及时告诉买家。更换快递公司后，还要延迟客户的收货时间，以免后期影响客户顺利收到货物。

若是在货运高峰期，货物未能及时发出，可以这样说：

Sample 5

Dear customer,

There is a backlog of orders for China Post Air Mail to ship. I don't know when your packet can be shipped. How about changing a logistics company?

If you agree, i will send your package by e-Packet. And I will let you know the tracking No. as soon as I send your package out.

Best Regards

(Your name)

若是货物被退回需要更换快递，可以这样说：

Sample 6

Dear customer,

Due to the overwhelming demand for logistics this shopping season, the original dispatch has failed.

We have already dispatched your order with a different logistics company. You can track the new delivery of your order here:***************.

Tracking No. is ****************************

We have also extended the time period for you to confirm delivery.

If you have any questions or problems, contact us directly for help.

Best Regards

(Your name)

Tips：选择合适的物流

不同的国际快递，服务重点也会有所区别。同是 UPS，UPS Worldwide Express 注重速度，而 UPS Worldwide Expedited 则注重安全。

例如，印度人本身对时间的要求不高，所以他们对是否准时送达的要求也比较低；但香港人的时间观念就会完全相反。

因此需要结合买家的需求和买家所处的国家、地区的人文习惯，选择适合的物流公司和适合的物流方式。最好是与买家沟通，双方一起确定物流公司和方式。

3.2.2 货运相关进展 Tracking Packages

如果物流过程顺利地到达买方国家，则卖家应经常跟踪包裹并把进展及时告诉买家。

1. 货物抵达海关

货物抵达海关后，要通知买家关注动态，确保能及时收到货。

Sample 1

Dear customer,

This is **. I am sending this message to update the status of your order. The information shows it was handed to customs on Jan. 19. Tracking number：************. You can check it from web: ***************.

You may get it in the near future. I apologize that the shipping is a little slower than usual. Hope it is not a big trouble for you.

Best Regards,

(Your name)

2. 货物到达邮局

货物就快要送达了，可以提醒买家关注配送信息。如果当地邮局有所延误，可以主动联系邮局。另外，还可以提醒买家在收到货物后给予好评和反馈。

Sample 2

Dear customer,

This is **. I am sending this message to update the status of your order. The information shows it is still transferred by Sydney post office.
Tracking number：************. Please check the web *******.

I think you will get it soon. If it is delayed , please try to contact your local post. Then you might get it earlier. Please pay attention to the package delivery. Hope you love the product when get my products.

If so, please give me a positive feedback. The feedback is important to me. Thank you very much.

Best Regards,

(Your name)

3. 货物妥投

货物妥投后，物流服务就基本结束了。可以询问买家收到的货品是否完好无损。如果满意此次服务，请给予五星好评；如果有问题也请及时联系以便尽快帮他解决问题。

Sample 3

Dear customer,

The tracking information shows that you have received your order. Please make sure your items have arrived in good condition and then confirm satisfactory delivery.

If you are satisfied with your purchase and our service, we will greatly appreciate it if you give us a five-star feedback and leave positive comments on your experience with us!

If you have any questions or problems, please contact us directly for assistance, rather than submitting a refund request.

We aim to solve all problems as quickly as possible! Thanks!

Best Regards,

(Your name)

常用句型：

1. I am sending this message to update the status of your order. The information shows it was handed to customs on Jan. 19.

我要告诉您订单的最新进展情况。最新的信息显示，您的产品已经在 6 月 19 日到达贵国海关。

2. The information shows it is still transferred by Sydney post office.

物流信息显示，您的货物还在由悉尼邮局配送中。

3. The tracking information shows that you have received your order.

根据查询的信息，您已经收到了货物。

4. If you are satisfied with your purchase and our service, we will greatly appreciate it if you give us a five-star feedback and leave positive comments on your experience with us!

如果您满意所购买的产品以及我们的服务，希望您能给我们五星好评，并留下购物经历的积极的评价。

5. If you have any questions or problems, please contact us directly for assistance, rather than submitting a refund request.

如果有任何疑问，请直接联系我们寻求帮助，请不要提起纠纷。

6. We aim to solve all problems as quickly as possible.

我们的目的是尽快解决所有问题。

3.3 关联产品推介 Recommending the Related Products

做好关联营销，能有效利用来之不易的流量，提高转化率，从而降低推广成本。关联营销不仅仅是把关联产品在关联位置上摆放好，而且要抓住一切机会向客户推荐。在向客户推介关联产品时，如果买家对选择的产品不满意，或者买家已经下单后，可以向其推荐关联产品，引导其再次下单；对于新老买家都可以向其推介订阅店铺，以便及时向潜在客户推送消息。推介的产品和消息包括折扣产品、新产品以及节日热销产品。客服的关联产品推荐服务如图 3-3 所示。

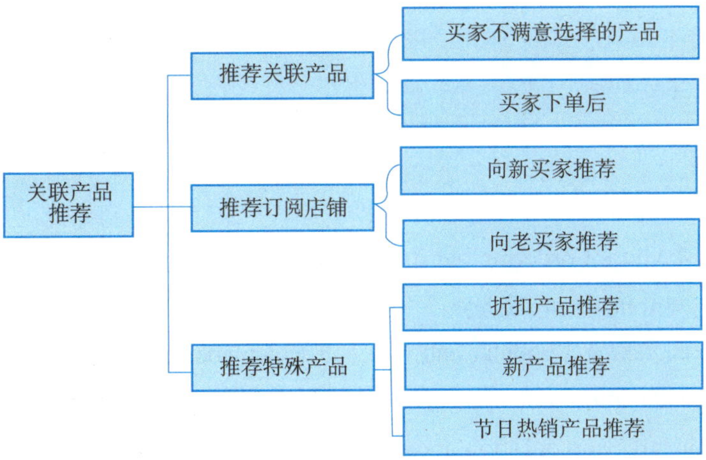

图 3-3 客服的关联产品推荐服务内容

3.3.1 推荐关联产品 Introducing the Related Products

跨境电子商务店铺经常会有一些买家进来后对某一款产品感兴趣，他们就会在站内信里留言或者在即时聊天工具中询问具体情况。如果卖家帮他/她解除了疑问，则买家下单的机会就会增大，卖家可以顺势利导，把与该产品相关联的商品推荐给对方。

1. 买家不满意选择的产品，可以推荐关联产品

如果买家在询问之后发现其感兴趣的产品有某些地方不如意，此时卖家可以把关联的产品推荐给他，告诉他这些是相关的热销商品，希望他能够喜欢。

Sample 1

Dear customer,

I am sorry that your are not satisfied with the product you inquired. According to your information, I would like to recommend some other items of similar styles and hope you will like them too. These are our popular best-sellings right now. Please click the link*************************and ********************to get more specific information about the items.

If you have any question about the item, please feel free to contact us.

Best regard,

(Your name)

2. 买家下单后，推荐产品的关联产品

如果买家下单后，卖家还可以抓住机会，继续推荐与其订单相关联的产品，刺激其继续下单。

Sample 2

Dear customer,

Thank you for ordering our dress. The packet has been shipped today and you will get it in about 15 days.

We are selling a popular and nice belt which coordinates your dress order. For the specific information you can click: ************************

If you have any question about the item, please feel free to contact us.

Best regard,

(Your name)

3.3.2 推荐订阅店铺 Recommending to Subscribe the Store

如果能够说服买家订阅店铺，则更有利于产品的推广。通过及时向订阅客户发布产品及活动信息可以有效地提高产品销量。

1. 向新买家推荐

向新买家推荐店铺时，主要强调的是店铺可以向客户推送最新的产品及促销信息。

Sample 1

Dear customer,

Thanks you for showing interest in my products. In order to offer a better service and keep you updated with the latest promotions and products, please subscribe to my store. Any problem of subscribing, please refer to http://help.aliexpress.com/alert_subscribe.html

Best regard,

(Your name)

2. 向老买家推荐

向老买家推荐店铺时，主要强调的是订阅后可以享受 VIP 服务以及积分折扣。

Sample 2

Dear customer,

Welcome to subscribe to my store. By a few clicks you can enjoy our VIP service such as the latest updates from new arrivals to best sellings products on a weekly basis etc. As you are our old friend, you can enjoy our discount and marks accumulation after you subscribe to our store. Any problem of subscribing, please refer http://help.aliexpress.com/alert_subscribe.html

Best regard,

(Your name)

3.3.3 推荐特殊产品 Recommending Special Products

在店铺活动期间，如买 2 送一，或者买 2 件以上享受 9 折优惠等，卖家可以主动向新老客户推荐关联产品信息，刺激产品销售。在遇到重大节日前，在与客户交流的过程中也可以提前告知客户节日的促销活动。

1. 折扣产品推荐

为了刺激销售，店铺会不定期举办一些活动。在店铺活动期间，可以主动向客户推荐促销产品，告知活动信息，以刺激销售。

Sample 1

Dear customer,

Thanks for your message. If you buy both of the XXXX items, we can offer you a XXX % discount.

Once we confirm your payment, we will ship out the items for you in time.

Please feel free to contact us if you have any further questions.

Best regard,

(Your name)

2. 新产品推荐

新产品上线时往往关注度不高，因为客户都不知道产品的存在，此时需要主动向买家推荐新产品的信息，以提高新产品的客流量及转化率。

Sample 2

Dear customer,

As Christmas and the New Year is coming, we found XXXX has a large potential market. Many customers are buying them for resale on eBay or in their retail stores because of its high profit margin. We have a large stock of XXXX. Please click the following link to check them out ********************. Thanks

Best regard,

(Your name)

3. 节日热销产品推荐

一般来说，节日前的一段时间也是销售旺季。卖家应主动提前告知客户活动信息，及相关节日产品的信息。同时告知如果购买数量达到一定量以上，即可享受批发价格。

Sample 3

Dear customer,

Right now Christmas/Thanksgiving/... is coming, and Christmas/Thanksgiving/... gift has a large potential market. Many buyers bought them for resale in their own store. It's a high profit margin product. Here is our Christmas/Thanksgiving/... gift link****************. Please click to check them. If you are going to buy more than 10 pieces in one order, you can enjoy a wholesale price of XXX. . Thanks.

Best regard,

(Your name)

常用短语与句型：

1. I would like to recommend some other items of similar styles and hope you will like them too.

我向您推荐其他类似款的产品，希望您也喜欢。

2. These are our popular best-sellings right now.

这些是我们现在的热销产品。

3. If you buy both of the XXX items, we can offer you a XXX% discount.

如果您购买 2 件，则可以享受 XXX 折扣。

4. have a large stock of 有大量现货

5. enjoy a wholesale price of 享受批发价

3.4 特殊订单处理交流 Special Cases Communication

特殊订单指的是那些由于发货、物流、海关等原因造成的、不能正常出货或退货的订单。无论是什么原因引起的不能正常出货、收货或者延误的订单，卖家都必须及时与买家沟通，避免引起买家不满而提起纠纷。

发货前的特殊订单包括客户下单后对于支付、海关收税等情况存在疑问；或者由于物流风险，无法向买家所在国家发货；也可能由于订单包裹超重导致无法使用小包邮寄以及没有直航货机等。特定情况的包裹延误的情况则主要包括由于节假日或不可抗力因素造成的邮递延误。还有一些其他特殊情况，例如卖家发错货或者漏发货，客户不清关等。无论哪种情况的特殊订单，卖家都必须与买家及时沟通，解决相关问题，确保客户满意。特殊订单的客服内容如图 3-4 所示。

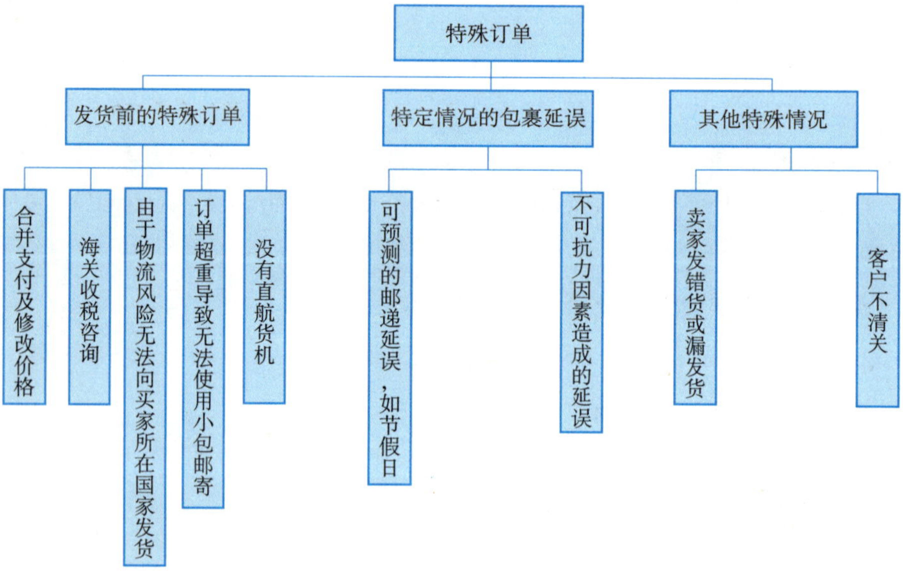

图 3-4 特殊订单的客服内容

3.4.1 发货前的特殊订单 Special Cases before Sending Packages

客户下单后，可能会对支付、海关收税等情况存在疑问，需要及时向客户解释。另外，有些情况下，货物无法包邮或者无法发出，也需要通过邮件向客户解释清楚，取得客户的理解。

1. 合并支付及修改价格

同一个买家在同一天下的两笔不同订单，收件地址一样，这样的订单就可以合并支付，并且还可以合并成一个包裹发出去。但卖家应该跟买家沟通好，同时可以给买家一点价格优惠以增强买家的购物体验。

Sample 1

Dear customer,

If you would like to place one order for many items, please first click “add to cart” , then “buy now” , and check your address and order details carefully before clicking “submit” . After that, please inform me, and I will cut down the price to US$ XX. You can refresh the page to continue your payment. Thank you.

If you have any further questions, please feel free to contact me.

Best regard,

(Your name)

2. 海关收税咨询

有时候客户会担心在货物到达海关后需要支付额外费用。此时应该如实向客户进行解释，必要时需要引导客户向当地海关咨询，不能欺骗客户购买。

Sample 2

Dear customer,

Thanks for your inquiry and I am happy to contact you.

I understand that you are worried about any possible extra cost for this item. Based on past experience, import taxes falls into two situations.

First, in most countries, it did not involve any extra expense on the buyer side for similar small or low-cost items.

Second, in some individual cases, buyers might need to pay some import taxes or customs charges even when their purchase is small. As to specific rates, please consult your local customs office.

If you have any questions, please let us know.

Best regard,

(Your name)

3. 由于物流风险，无法向买家所在国家发货

针对一些特殊国家（如国家发生战争等），物流暂时无法向买方所在国家发货，此时也需要跟买方及时沟通。征求买家的意见，是否可以寄往其他国家或地区。

Sample 3

Dear customer,

I am sorry to inform you that our store is not able to provide shipping service to your country. However, if you plan to ship your orders to other countries, please let us know. Hope we can accommodate future orders.

I appreciate for your understanding.

Best regard,

(Your name)

4. 订单超重导致无法使用小包包邮

小包包邮是卖家经常使用的促销手段之一。但是在有些情况下，买家一次性购买了多种货物，导致订单超过 2kg，无法使用小包包邮。此时，可以建议买家使用其他快递方式，或者将一个订单拆分成若干个小于 2kg 的多个订单。

Sample 4

Dear customer,

I am sorry to tell you that the free shipping for this item is unavailable. I am really sorry for the confusion.

Free shipping is only for package weighing less than 2 KG, which can be shipped via China Post Air Mail. However, the item you would like to purchase weighs more than 2 KG. You can either choose another express carrier, such as UPS or DHL (which will include shipping fees, but are much faster).

Or you can place the orders seperately, making sure each order weighs less than 2 KG, to take advantage of free shipping.

If you have any questions, please let us know.

Best regard,

(Your name)

5. 没有直航货机

针对一些没有直航货机的客户，卖家应向买家说明由于没有直飞航班，所有去该国的包裹都要通过其他国家中转，所以在运输时间上很难控制，让买家对收货时间有个心理预期。

Sample 5

Dear customer,

We can send this item to Lithuania. However, there's only one problem.

Due to there're little direct cargo flight between Lithuania and China, the items shipped to there has to be transited from other Europe Countries.

That make the shipping time is hard to control.

As our former experience, normally it will take 25 to 45 days to arrive at your country.

Is it OK for you?

Waiting for your reply.

Best regard,

(Your name)

3.4.2 特定情况包裹延误 Packages Delays

对于节假日或者由于不可抗力因素造成的邮递延误，卖家都应该主动告知客户，并保证及时更新相关信息，对此造成的麻烦致歉，并希望客户能理解。

1. 对节假日等可预测的邮递延误进行解释

主要告知客户由于什么原因可能会导致延误，给客户一个预期，最后感谢客户的理解。

Sample 1

Dear customer,

Thank you for your purchase and prompt payment. China will celebrate China Spring Festival, from 30 Jan. to 5 Feb., both days inclusive. During that time, all the shipping services will be unavailable and may cause the shipping delay for several days.

We will promptly ship your item when the post office re-open on 6 Feb.. If you have any concerns, please contact us through eBay message. We apologize for the inconvenience caused and appreciate your kind understanding.

Wish you and your family have a happy time together as well.

Best regard,

(Your name)

2. 对天气、海关严格检查等不可抗力因素造成的延误进行解释

有时候会遇到严格的海关检查或者由于天气、节假日原因等会导致延误。此时首先要知会客户，然后告诉客户我们会怎么做，如 keep update，最后是对此次给客户造成的麻烦致歉。必要时可以给予适当的折扣以提高客户的购物体验。

对于某些国家海关的严格检查造成的货物延误，建议应及时通知买家，及时的沟通让买家感觉到你一直在跟踪货物的状态，而且是一位负责任的卖家，以免置之不理给买家造成误会。

Sample 2

Dear customer,

We received the notice from logistics company that your customs for large parcel periodically inspected strictly recently. In order to make the goods sent to you safety, we suggest that the delay in shipment. Wish you a consent to agree. Please let us know as soon as possible. Thanks.

Best regard,

(Your name)

对于旺季、天气等原因造成的延误可采用以下模板：

Sample 3

Dear customer,

Thank your for your order with us, but we are sorry to tell you that due to peak season/ bad weather these days, the shipping to your country was delayed.

We will keep tracking the shipping status and keep you posted of any update.

Sorry for the inconvenience caused, and we will give you 5% off to your next order for your great understanding.

If you have any concerns, please contact us through the instant message or e-mail, so that we can respond promptly. Thank you.

Best regard,

(Your name)

3.4.3 其他特殊情况 Other Special Cases

在跨境电子商务售中这个阶段，有时候也可能会由于卖家或买家自身的原因产生一些问题。无论什么情况，卖家都应及时与买家沟通，尽快解决问题。

1. 卖家发错货或者漏发货

如果是卖家的原因导致的错误，卖家应主动提出补发或者给予买家折扣，并请求买家的谅解。

Sample 1

Dear customer,

It is a pity to tell you that my colleauge send you the wrong bag/ forgot to send you the item XX you ordered. Could I send you again or we give you $**** discount. I guarantee that I will give you more discounts to make this up next time for your next purchase. So sorry for all your inconvenience. Your understanding is highly appreciated. Thank you very much.

Best regard,

(Your name)

2. 客户不清关

根据跨境电子商务的相关规则，买家是有义务清关的。但是由于关税等原因，买家不愿意清关，此时卖家要及时跟买家沟通，一起寻求解决办法。

Sample 2

Dear customer,

Thanks for your purchasing in our shop and we are sorry to tell you that parcel was kept at the Russian custom.

Status :（查询结果）

According to the rule of Ali, buyer have the duty to clear the custom and get the parcel. We also hope you can clear the custom as soon as possible and get the favor.

Anything we can help please feel free to contact us .

Thanks！

Best regard,

(Your name)

常用句型：

1. I am sorry to tell you that the free shipping for this item is unavailable.

很抱歉地通知您这个货物无法包邮。

2. That make the shipping time is hard to control.

这样物流时间就很难控制了。

3. We apologize for the inconvenience caused and appreciate your kind understanding.

很抱歉给您造成的不便，感谢您的理解。

4. I guarantee that I will give you more discounts to make this up next time for your next purchase.

我保证您下次购买产品时会给予您更多的折扣以弥补此次损失。

Skill Practice

假设你在 Aliexpress 上经营一家网店卖服装。Ms. Lisa 在你的店里下单买了一条裙子。

1. Ms. Lisa 下单后 1 天都没有付款，折扣活动就要结束了，你该如何跟 Ms. Lisa 沟通？

2. Ms. Lisa 付款后，你如何将店里的一件上衣作为关联产品推荐给她？

3. 你及时将货物发送给她了。请给她写一封邮件，包含以下内容：

- 告诉她你将如何跟踪物流。
- 提醒她货物将会 30 天左右的时间达到。
- 希望她能给好评。

4. 货物达到海关后，遭遇海关严格检查，导致邮递延误，请写一封邮件解释。

第4章

售后沟通与服务

After-sales Services and Communication

学习目标

- 了解跨境电子商务客服售后服务的基本内容。
- 掌握跨境电子商务订单纠纷的处理步骤和技巧。
- 掌握跨境电子商务客户维护的基本技巧。
- 掌握跨境电子商务产品推广的步骤及推广内容。

技能目标

- 能够利用信函提醒、说服客户给订单评价。
- 能够利用信函说服客户撤销纠纷。
- 能够对老客户进行日常维护与管理。
- 能够对新产品进行推广。

提高买家满意度可以给卖家带来额外的交易，能够影响到产品的排序曝光，会影响其他买家的购买行为以及对卖家的星级和享受到的资源产生影响。因此，买家的满意度对卖家非常重要，而售后服务则是影响到买家满意度的重要方面。

Lead-in

1. Is it important to maintain the customer, and how to maintain the

customer?

2. Have you received any JIUFEN and how do you deal with the JIUFEN?

3. Do you think feedback is important for online business? What will you if the buyer doesn't give the feedback?

4. What will you do if the new products are launched?

4.1 售后评价Feed Back

评价是买家对卖家的最后的证明和反馈，是电商的基础。评价分为好评、中评和差评。无论哪种评价，都要用分析的态度去对待，沟通是一切的基础。往往一些好评以及好的服务会让客户帮你做出很多意料之外的事情。及时沟通，可以用道歉邮件、优惠券以及适当赔款给予安慰。总而言之，"水来土掩，兵来将挡"，只要诚实经商，相信纠纷和评价都会朝好的方向发展。客户评价管理流程如图 4-1 所示。下面就催促评价、修改评价和收到好评进行阐述。

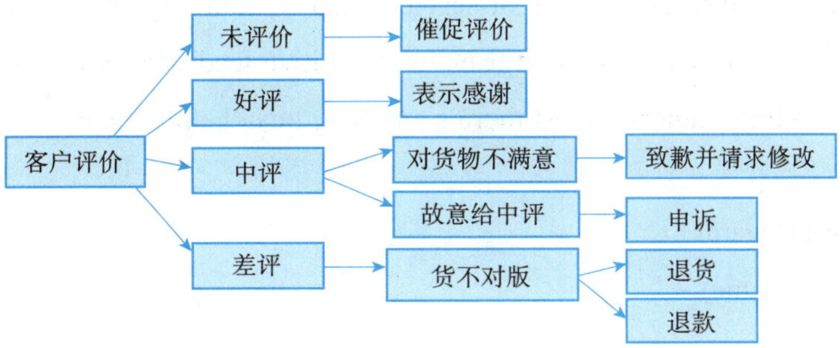

图 4-1 客户评价管理流程

对于未及时给出评价的客户，要进行催促评价，获得好评。客户的好评往往能够"四两拨千斤"，为我们带来源源不断的曝光、转化以及二次转化，因此，对于客户的好评要给予及时的感谢。得到中评也不要抱怨，一定是我们有不满意之处，应采取逆向思维，说不定客户反映的问题是优化产品的重要来源。因此也要注重中评中的问题，及时沟通。我们对客户中评和差评也要有一个区分，因为买家中毕竟存在不良分子。一旦有了差评，首先是要主动认错，然后跟客户沟通协商解决。

4.1.1 催促评价 Urging the Appraisal

不少卖家都以为宝贝卖出去，交易就完成了，从而忽视顾客的评价。其实不然，店铺要想留住顾客，就要从售后开始！一个简单的回复顾客评价行为，往往能影响顾客的复购率以及新顾客的购买率。

1. 买家收到货之后没有留下评价

有些买家收到货物后不管产品质量好不好一律不给评价，那么卖家可以去委婉地催下买家给予评价。有些买家甚至不知道怎么给评价，卖家可以及时和买家进行沟通，告诉他评价的步骤也无妨。收货后可以主动发询盘和邮件过去咨询客户收到货物是否符合自己的需要和期待，有时候主动催一下客户反而使得客户对卖家更有信任感，别说获得好评了，回头率就赚了不少。

Sample 1

Dear buyer,

Thanks for your continuous support to our store, and we are striving to improve ourselves in terms of service, quality, sourcing, etc. It would be highly appreciated if you could leave us a positive feedback, which will be a great encouragement for us. If there’s anything I can help with, don’t hesitate to tell me.

Best Regards

(Your name)

Sample 2

Dear buyer,

Could you tell me if the item has been successfully delivered to you? If you get it, we sincerely hope you will like it and be satisfied with our customer services. If you have not got it or got it but have any concerns, please don't hesitate to contact us. We would like to do whatever we can do to help you out.

If you don't mind, please take your time and leave us a positive comment, which is of vital importance to the growth of our small company.

Please DO NOT leave us negative feedback. If you are not satisfied with our products, please contact us for solution.

Thank you so much.

Yours Sincerely

Sample 3

Dear buyer,

You can leave feedback for suppliers within 30 days of order completion.

There are 2 ways to leave feedback:

Method A

Sign into My AliExpress

Confirm receipt of your order

On the Leave Feedback for this Transaction page click Leave Feedback

Rate the seller by clicking the number of stars you want to give and enter an explanation of your rating; your explanation should cover the quality of the item and the seller's service and click Leave Feedback.

Method B

Sign into My AliExpress

Go to Transactions, click Manage Feedback, then click Orders Awaiting My Feedback

Choose an order and click Leave Feedback.

Thank you so much.

Yours Sincerely

2. 买家收到上述邮件 10～15 天后没有回复评价

在卖家发邮件提醒买家评价后 10～15 天，买家对评价一事置之不理，卖家也可以再发邮件进行催促，特别是将店铺的链接或者是产品名称列出来已明确提醒买家。

Sample 4

Dear buyer,

Thank you for buying shoes from us on April 23rd. We hope that you are satisfied with your purchase. The details for your purchase are as below:

Item Name:

Item Number:

Total Deal Price:

If you are satisfied with your purchase and the services provided, please do spare some time to leave positive feedback for us.

Your positive feedback is essential to the development of our business. If you have any problems or concerns about your purchase, please get in touch with our customer service as soon as possible and we will do everything we can to help.

Thank you again and we look forward to seeing you again soon.

Yours Sincerely,

(Your name)

常用句型：

1. It would be highly appreciated if you could leave us a positive feedback.

如果您可以给我们一个积极的反馈，我们会非常感激。

2. Please spare some time to leave positive feedback for us.

希望您能抽空对我们的产品和服务作出正面的评价。

3. Your comments and feedback help us improve our products and services for other customers.

您的评价能帮助我们提高产品质量和服务，以便我们能更好地为其他买家服务。

4. Please do not leave any negative feedback.

请不要给我们任何负面的评价。

5. If you have any problems or concerns about your recent purchase, please get in touch with our customer service as soon as possible.

如果您对您购买的东西有任何的问题或者担心，请及时与我们的客服联系。

4.1.2　修改评价 Modifying Evaluation

除了一些无良买家，客户给中差评是对你店铺的提醒，告知你店铺当中出现了问题，需要去整改。跨境电子商务卖家针对这些中差评该怎么办呢？正视中差评，尽可能地去消除中差评的不利影响，甚至创造出积极效应。根据中差评的原因，应及时与客户进行沟通。

1. 给中评，买家对于你的产品表示怀疑

如果因为产品质量原因而引起客户不满，应及时和客户进行沟通，让客户知道中评对于一个新手卖家的致命打击，让买家心存怜悯。

例如，卖家小 A 昨天收到了客户的中评，原因很简单，因为买家觉得她买到的裙子穿起来效果没有图片模特穿起来的效果好。碰到这样的客户小 A 当务之急就是及时和买家取得联系，希望其能修改评价。

Sample 5

Dear buyer,

I am very glad to receive your message. Although I haven't got a high score on aliexpress, I've been doing business on aliexpress for many years and I am quite confident about my products. Besides, since aliexpress offers Buyer Protection service which means the payment won't be released to us until you are satisfied with the product and agree to release the money. We sincerely look forward to establishing long business relationship with you.

Regards

(Your name)

2. 请求修改差评

客户给了差评，一定要及时跟客户交流，问清楚到底是质量问题，还是物流

慢的问题等，如果是产品的缺陷就想办法弥补或者客户下次来时在不亏本的情况下给他点优惠，让他改一下评价，这样卖家也不亏又维持了一个客户。当然有些买家也不是故意给差评的，他们只是不大了解平台规则，这时我们不妨将平台的修改规则告诉他们，买家愿意修改最好，不愿意则可以忽略，有时候收到几个差评也是正常的。

要处理差评纠纷，首先就要弄清楚它们产生的缘由。客人期望值过高，产品没有达到他们的期望值是纠纷和获得差评的根源，物流速度慢是造成客户满意度下降的元凶，沟通不够让客户的不满演变成纠纷或差评，产品质量不过关，包装破损，等等。弄懂了为什么客人给差评的原因，那么解决起来也就没那么难了。

不要一味地美化产品和图片，如果产品有瑕疵和不足，则要在照片中体现，产品描述应清晰简洁详尽。如果接连收到的差评是因为客人没有注意到尺寸就想当然地买了下来，结果货到了觉得小了，不经过任何沟通，直接给了卖家差评。遇到这样的客人，我们可以先利用站内信和邮件与其进行沟通，请求修改评价，一部分客户很好讲话直接就改了，一部分客户没有任何回应。这样一周之后还有一次邮件“轰炸”的机会，再没反应就给他们好处，说改了评价返 3 美元或者下次给 5%discount，用“诚心”感动他们。

Sample 6

Dear buyer,

I noticed that you gave us a negative feedback. I am looking forward to your reply that whether or not you agree the way we fix this thing.

I honestly hope you can revise the bad valuation. If you don’t agree, could you give us a better suggestion? We hope we can fix this thing reasonably and positively.

Let us apologize to you again for all your inconvenience.

Thank you for your time and best regards,

(Your name)

常用句型：

1. I am quite confident about my products.

我对我的产品很有信心。

2. We sincerely look forward to establishing long business relationship with you.

希望能够与您长期合作。

3.We are sorry to see that you left negative or neutral feedback relating to your recent purchase experience from our store.

很遗憾看到你最近在我们店铺的购买行为中给了我们中差评。

4. We hope you can revise your feedback into a positive feedback to us.

我们希望你能将评价改为好评。

5. Would you please change the feedback?

你能修改一下评价吗？

6. If you can change the feedback, we can offer you $1-5 off discount in your new order.

如果你能修改评价，下次新订单我们将给你 $1 ～ 5 的折扣。

4.1.3 收到好评 Receiving Good Feedback

店铺好评的提升标志着一个店铺的信用度，好评率越高，顾客就会对店铺增加信任感，购买的欲望也会加强。如果店铺获得的好评很少，即使客户想购买也不会放心。一模一样的产品，价格相等，顾客一定会选择好评率高的店铺购买。店铺每卖出一件产品，一直到双方交易成功后，店铺就会增加一个好评（即增加一个红心）。店铺交易量越多，好评率就会越高。如果收到好评，一定要对买家进行答谢，有助于买家再次转化。

Sample 7

Dear buyer,

Thank you for your recent positive feedback!

Your satisfaction is hugely important to us, and keeps us motivated to try harder for our customers!

You can check out more great products from our store: http://www.aliexpress.com/store/439824

We hope we'll see you again on our store soon.

Yours sincerely,

(Your name)

Sample 8

Dear buyer,

I am so pleased and grateful that you gave us a good feedback /you are satisfied with our products and service. I hope I can give you a good discount or send a gift to you when you order next time. Thank you very much.

Best regards

(Your name)

常用句型:

1. Thank you for your positive feedback.

感谢您的好评。

2. I am so pleased and grateful that you gave us a good feedback.

我非常高兴地感谢你给我们一个好的反馈。

3. Your encouragement will keep us moving forward.

您的鼓励是我们前进的动力。

4.2 纠纷处理Dealing with Dispute

全球速卖通平台交易过程中所产生的纠纷属于交易纠纷，即在交易过程中产生了误会或者一方刻意隐瞒，从而无法使交易圆满完成。买家在交易中提起退款申请时有两个大类，分别是未收到货物以及收到货物与约定不符，这两大类又分别有不同的小类，分别是：①未收到货物：运单号无效、发错地址、物流途中、海关扣关、包裹退回；②收到货物与约定不符：货物与描述不符、质量问题、货物破损、货物短装、销售假货。买家因为各种原因提起退款申请产生了纠纷，在今后的交易过程中对平台的产品、卖家以及对平台本身都会产生质疑，最终会使得卖家的客源流失，并且影响到交易的回款周期。同时，平台对于纠纷也有相关的处罚措施，更多的资源会提供给优质的卖家。纠纷处理流程如图 4-2 所示。

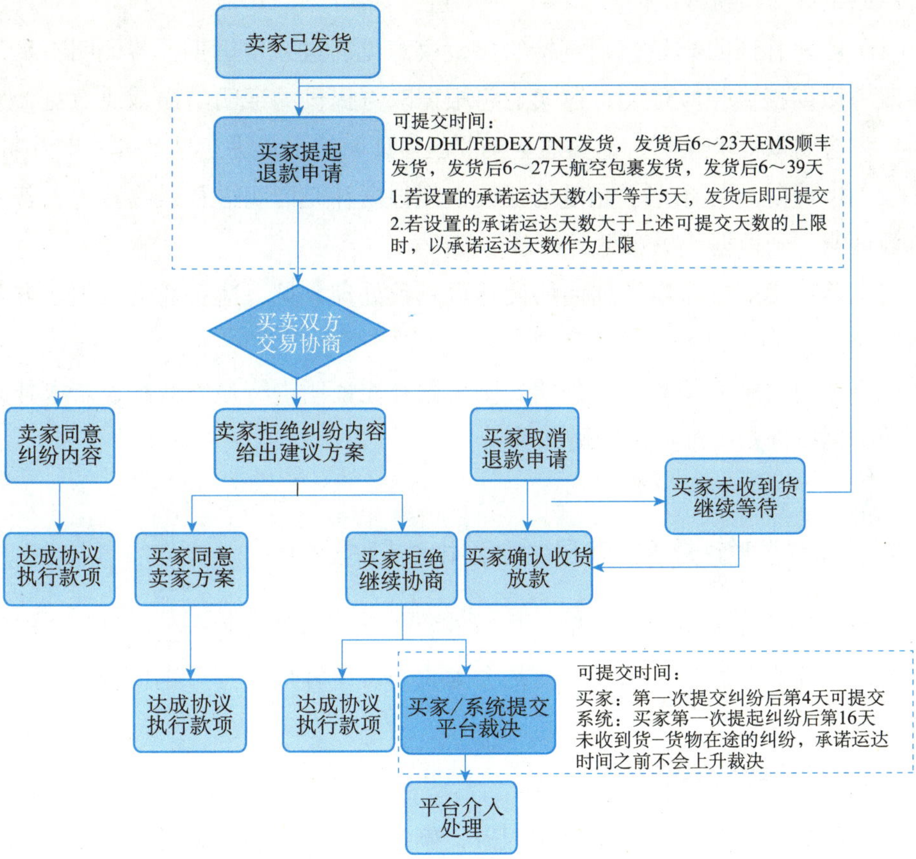

图 4-2 纠纷处理流程

买家在交易过程中未收到货物或者对于收到的货物不满意可提起退款申请，纠纷便产生，买卖双方可进行协商解决，若无法达成一致，可提交至平台进行裁决。

裁决的提交包括以下三种情况：

（1）买家提交纠纷裁决。自买家第一次提起退款申请开始第 4 天至第 15 天，若买卖双方无法协商一致，买家均可以提交至平台进行裁决。

（2）系统提交纠纷裁决：自买家第一次提起退款申请开始截止至第 16 天，卖家未能与买家达成退款协议，买家未取消退款申请也未提交至平台进行裁决，系统会自动提交至平台。

（3）卖家提交纠纷裁决：若买家申请退款退货，在买家填写了退货地址的 30 天内，卖家未收到退货或收到的退货货不对版，可以提交至平台进行裁决。

纠纷裁决产生的 2 个工作日内速卖通会介入处理，它会参看买卖双方纠纷协商阶段以及提交纠纷裁决阶段提供的证明进行裁决：

（1）若现有证明充足，则直接给出裁决意见后进入申诉期；若证明不足，则联系双方限期提供相应证明，速卖通将根据双方提供的证明给出裁决意见，如果任何一方逾期未提供证明，速卖通会按照已得证明给出裁决意见并进入申诉期。

（2）申诉期内若补充了充足的证明，则根据补充证明进行最终裁决，若未补充有效证明，则根据裁决意见进行最终裁决。

（3）若买卖双方在申诉期内协商达成一致处理意见，速卖通会根据双方意见进行裁决。

申诉期内若补充了充足的证明，则根据补充证明进行最终裁决，若未补充有效证明，则根据裁决意见进行最终裁决。

4.2.1 纠纷开启前 Before the Dispute

在交易的过程中我们要尽量避免纠纷的产生，如果真的产生纠纷了，能够顺利地解决，让买家感到满意，这些都会为我们留住客户并且产生口碑效应，赢得更多的客户。

1. 发货后通知买家发货

国际物流往往存在很多不确定因素，例如：海关问题、关税问题、派送转运等。在整个运输过程中，这些复杂的情况很难被控制，难免会产生包裹清关延误，配送超时甚至包裹丢失等状况。对于买家来说，长时间无法收到货物或者长时间不能查询到物流更新信息将会直接导致其提起纠纷。同时，没有跟踪信息的快递方式对于卖家的利益也是没有保障的，当买家提起“未收到货”的纠纷时，货物信息无法跟踪对卖家的举证是非常不利的。因此，在选择快递方式时，可以结合不同地区、不同快递公司的清关能力以及包裹的运输期限，选择 EMS、DHL、FedEx、UPS、TNT、SF 等物流信息更新较准确，运输时效性更佳的快递公司，这些快递方式相比较航空大小包来说，风险值会低很多。总的来说，选择快递方式时务必要权衡交易中的风险与成本，尽可能地选择可提供实时查询货物追踪信息的快递公司。在发货后，卖家要第一时间给买家发信告诉对方货已经发运了，并提供运单号和查询网址等信息。

Sample 1

Dear Customer,

Thank you for shopping with us. We have dispatched your order (order No: xxx) on January 20th by EMS. The tracking number is xxx. It should take 5-10 business days to reach your destination. Please check the tracking information here: www.xxxxx.com for updates. Thank you for your patience! If you have any further questions, please feel free to contact me.

Best Regards,

(your name)

2. 继续跟踪物流

物流时间长是跨境电子商务的一个主要问题，因此为了能为客户提供一个好的购物体验，卖家要不时地和客户进行跟进，如果包裹显示在途，请买家耐心等待。

（1）如果使用的挂号运输方式，如 EMS 或者 DHL 等

Sample 2

Dear Valued Customer,

We are happy to inform you that your purchase has been dispatched! The typical time of arrival is between 7 and 10 days. If your item does not arrive within 10 days, please let us know.

After your item has arrived, why not take a moment to leave positive feedback about our products and service? It only takes a moment, and it's a great way to help others make purchases like yours!

Thank you for your cooperation, and we look forward to providing you with the best buying experience again on AliExpress!

Yours sincerely,

（2）如果使用的是挂号大小包

Sample 3

Dear Valued Customer,

We are happy to inform you that your purchase has been dispatched! The typical time of arrival is between 14 and 39 days. If your item does not arrive within 39 days, please let us know.

After your item has arrived, why not take a moment to leave positive feedback about our products and service? It only takes a moment, and it's a great way to help others make purchases like yours!

Thank you for your custom, and we look forward to providing you with the best buying experience again on AliExpress!

Yours sincerely,

Seller Name

Sample 4

Dear Customer,

Thank you for your patience. We confirmed that your order was mailed (order No: xxx) on January 20th. However, the tracking information shows it's still on the way. We were informed that the package did not arrive yet due to a shipping delay from the delivery company. If you do not receive your package before January 20th, we can resend your order or apply a full refund to you as per your choice. If you have any further questions, please feel free to contact us directly and we will be glad to assist you.

Best Regards,

(your name)

3. 包裹扣关

国际快递被扣关有很多原因，在被扣关后不要害怕或慌张，只要按照正常的流程解决，通常在交清关税后都可以顺利放行。包裹扣关时希望买家联系海关进行清关。

Sample 5

Dear Customer,

We have checked the tracking information and found your package has now arrived at your country's customs agency. If your package is delayed, please consult your local customs office to resolve the problem. If you have any further questions, please feel free to contact me.

Best Regards,

(your name)

常用句型:

1. The tracking number is xxx.

你的快递号是 xxx。

2. It should take 5-10 business days to reach your destination.

货物要 5 ~ 10 个工作日才能到。

3. The tracking information shows it's still on the way.

快递信息显示你的包裹还在路上。

4. We can resend your order or apply a full refund to you.

我们可以重新给你寄或者你可以申请全额退款。

5. If your package is delayed, please consult your local customs office to resolve the problem.

如果你的包裹被耽搁了，请咨询当地海关部门解决问题。

4.2.2 纠纷开启时 Dispute

卖家发货后，买家经过长时间的等待却依然无法收到包裹，此时就有可能产生纠纷。在买卖双方就此问题无法协商一致的情况下，买家以未收到货物为由提起纠纷，如果订单物流信息不全或在承诺运达时间内，无法查询到妥投的信息，速卖通平台将认定该笔纠纷的责任为卖家责任。卖家针对这类纠纷案件，需在平台的响应期内，提供物流妥投或买家实际已收到货物的凭证。若限期内无法提供，速卖通平台将直接按照买家申请的金额退款并关闭该纠纷案件。这种情况下，作为卖家要积极与买家沟通，与买家协商是否能继续等待，如果买家愿意等待可在纠纷中反馈愿意等待的具体时间和凭证。

1. 货不对版启纠纷

买家投诉货物与描述不符或者货物数量不对，这时候卖家可以请求买家根据问题类型提供相应的证据。

Sample 6

Dear Customer,

We sincerely regret that the items you've received in order XXXXX were not as described. Our goal is to resolve any dispute as quickly and conveniently as possible. Choice #1: You have claimed the items did not work/work properly. Will you please make a video recording to illustrate this issue and send them directly to my email: XXXXXXXX. This will allow us to verify the problem and help resolve it to your satisfaction. Choice #2: You have claimed the items did not work/work properly. Will you please take some photos to illustrate this issue and send them to my email: XXXXXXXX. This will allow us to verify the problem and help resolve it to your satisfaction. We apologize for the inconvenience and look forward to hearing from you.

Best Regards,

(your name)

Sample 7

Dear buyer,

I am so sorry for our carelessness. I need confirm the weight of parcel to check the less quantity with our shipment staff who just start to work after some days. Could I offset the 1 piece's money when you order next time, and we can give you a good discount or send a simple gift to you? Or if you ask for immediate refund now, could you give me your paypal account?

I am so sorry for all the convenience.

Best Regards,

(your name)

当你收到客户反映的产品与描述不符时，我们该怎么进行回复呢？例如，客户来信：

Hello, seller , I've got the goods that is inconsistent with the description, so please sent again!

信件回复模板：

Dear,

We sincerely regret that you are not satisfied with your purchase. We accept returns or exchanges as long as the item is unopened and/ or unused. We strive to provide exceptional products and service to our customers and your opinion is very important to us. Please provide a detailed explanation, photos are also welcome.

Please send your item back to：× ×， × × × ×， 325000, Wenzhou , China

We will send you a replacement upon receipt of your parcel. Please be aware that the return shipping and any new shipping charges for a replacement item will be charged to the buyer.

If you have any other concerns, please contact us through eBay message so that we can respond you promptly, thanks!

当买家收到货物不满意并提出退货时，我们该如何应对呢？请看下列客户的信件：

Hello , seller , I don't like the goods you send to me, can I return?

当然，我们是允许退货的，因此可以回复：

Dear,

Yes , we accept return or exchange. Please send your item back to: × × ， × × × ×， 325000, Wenzhou, China

We will refund (excluding the postage) you via PayPal once I receive your parcel.

再看一个案例：

Hello , seller , I don’t like the goods you send to me, can I barter?

客户要求换货。如果我们能接受换货，但是客户需要承担物流费用，以减轻我们的成本。

Dear,

Sure , you can send it back for exchange. Please send your item back to: ××，××××，325000, Wenzhou, China

We will send you a new one after receiving you parcel. Please be aware that you must bear the cost of return shipping and re-send shipping.

Thanks for your understanding and any other questions feel free to let me know.

2. 货物未在规定时间内到货

货物由于一些原因仍在途中超过了规定时间未到货，或者货物丢失，这些都会引起买家开启纠纷。开启纠纷后，卖家要及时和买家沟通，可通过退款或重新发货来处理纠纷问题。

Sample 8

Dear Customer,

We sincerely regret that you haven’t received your package. We have looked into this matter, and can share the following information about your order (No. XXXXX): Tracking No: XXXXXXX Status: XXXXXXX Shipped Date: XXXXXXX Standard shipping times are approximately 7-15 business days, however with increased holiday demand there may be a delay in international delivery times. We promise a full refund including original shipping charge if the item is not delivered in XXXX days after receipt of payment. Your satisfaction is our utmost priority; please contact us if you have any concerns. We apologize for the inconvenience. Your understanding is greatly appreciated.

Best Regards,

(your name)

Sample 9

Dear Customer,

We sincerely regret that you haven't received your parcel yet. We can confirm that we sent your order on January 10, 2014; however, we were informed by the shipping company that the package has been delayed due to problems on their end. We can arrange reshipment or a full refund to you. Please let us know what is your preferred option and we'll resolve this matter as quickly as possible. We apologize for the inconvenience. Your understanding is greatly appreciated.

Best Regards,

(your name)

Sample 10

Dear Customer,

We would like to confirm that we sent your order on January 10, 2014; however, we were informed the package has not yet arrived due to shipping delays at the shipping company. According to our agreement, we have re-sent your order by EMS, with a new tracking number of: XXX. It typically takes 7-10 business days to arrive to your destination. We apologize for the inconvenience and thank you for your patience.

Best Regards,

(your name)

请看以下案例，这是收到的买家的留言:

Hello, seller, I haven't received the product that you sent to me.

这时我们该怎么进行回复呢？将物流信息和物流单号告诉客户是比较明智的决定，或者对节假日等可预测的邮递延误进行解释，也或者对天气等不可抗力因素造成的延误进行解释。

(1) 物品未收到的问题

Dear,

Thank you for purchasing (item ID or item title). We have sent the package out on Dec16. The postal tracking number is below for your reference: No. RR725377313CN

Status: departure from outward office of exchange

Ship-out Date: 2017-1-10

Standard ship times are approximately 7-15 business days. However, there may be delay in international parcel delivery times due to increased holiday demand. We promise a full refund including original shipping charge if the item is not delivered within 30 days upon receipt of payment. Your satisfaction is our utmost priority, please contact us if you have any concerns. We apologize for any inconvenience. Your understanding is greatly appreciated.

（2）对节假日等可预测的邮递延误进行解释

Dear,

Thank you for your purchase and prompt payment. China will celebrate National Holiday from October 1st through October 7th. During that time, all the shipping services will be unavailable and may cause the shipping delay for several days.

We will promptly ship your item when the post office re-opens on October 8th. If you have any concerns, please contact us through eBay message. Thank you for your understanding and your patience is much appreciated.

（3）对天气等不可抗力因素造成的延误进行解释

Dear,

Thank you for purchasing an item from our store. We are sorry to inform of you that the delivery of your item may be delayed due to Hurricane Sandy.

We shipped your item (white cotton T-shirt) on Dec. 3rd but unfortunately, we were notified by the post off ice that all parcels will be delayed due to this natural disaster.

Your patience is much appreciated. If you have any concerns, please contact us through eBay message so that we can respond promptly. Our thoughts are with you.

3. 产品质量问题启纠纷

买家因为产品质量问题开启纠纷，此时卖家要积极与买家协商解决问题，要双方达成一致地解决意见。

Sample 11

Dear friend,

We are sorry for the quality problems and would pay more attention to the product quality check in the future.

We will accept your requirement and please kindly return the goods to the following address: xxxxxxxxxxxx

However, some friends will accept the second plan that we send you a new one with 90% discount and you cancel the dispute without paying for the highly returning shipping fee. Hope you consider it .Thank you!

Best Regards

Sample 12

Dear friend,

The photos were received with thanks .Sorry that we failed to check out the problem and we would pay more attention to this part.

Anyway ,we will refund you $3 for compensating or may you just accept this time and we would like to provide bigger discount for your next order?

Sorry again for the trouble .Please feel free to let us have your comment.

Thanks!

Best Regards

请看以下案例，当买家收到货，发觉质量有问题。

Hello, seller, I have received the goods you send to me, but I found that it is with a bad quality.

回复模板如下：

Dear,

I am very sorry to hear about that. Since I did carefully check the order and the package to make sure everything was in good condition before shipping it out, I suppose that the damage might have happened during the transportation. But I'm still very sorry for the inconvenience this has brought you. I guarantee that I will give you more discounts to make this up next time you buy from us. Thanks for your understanding.

表明质量不是由我方造成的，而是由于物流不当造成质量问题，以便能得到客户的原谅，但是最好能够允诺下次的购物优惠，让客户能更好地接受。

常用句型：

1. Please accept my deep apology for inconvenience caused to you.

请接受我真诚的道歉，对你的不便表示歉意。

2. Would you please kindly help me close the dispute?

你能帮我关闭纠纷吗？

3. If you really want the refund, we can refund in other way.

如果你真的想退款，我们可以用其他方式退款。

4. I am really sorry to see you open a dispute.

我很遗憾看到你打开了一个纠纷。

5. We just checked the tracking information from the office and it's on its way.

我们刚刚从办公室查到物流信息，包裹还在途中。

6. Once you close it please let me know,i will refund to you immediately.

一旦你关闭它请让我知道，我将立即退款给你。

7. We are sorry to tell you that due to peak season(旺季)/bad weather (恶劣气候) these days ,the shipping time to your country was delayed.

很遗憾地告诉你由于这几天旺季 / 恶劣气候的影响，运货时间被耽搁了。

8. We will give you5% off to your next order for your great understanding.

您的下次订单将享受 5% 折扣，谢谢您的理解。

9. According to the rule of Ali ,buyer have the duty to clear the custom and get the parcel .

根据速卖通的规则，买家是有义务清关的，请您尽快清关并拿到您的产品。

10. We are sorry for the quality problems and would pay more attention on product quality check in the future.

对产品的质量问题表示歉意，今后我们会在产品的质量方面引起更多的重视。

4.2.3 纠纷升级为平台纠纷 Platform Dispute

纠纷升级为平台纠纷，可能存在多种情况，包括双方有无及时响应、是否一直在有效协商、是否某一方有另一方不能接受的要求等。在纠纷开启阶段，卖家要认真核实买家投诉的原因，根据投诉原因再提供有效的证据。卖家要查看买家给您的留言和反馈的问题，及时地进行有效的沟通，争取在3天内协商一致解决方案。如果问题已经解决，可以引导买家关闭纠纷。

1. 卖方过错，给予退款或退货

在卖家看到买家提供的证据以后，卖方确实有过错的，同意给予部分退款或者退货退款的建议，要求买家关闭纠纷。

Sample 13

Dear Customer,

We sincerely regret that we have been unable to come to terms thus far but we hope to bring this matter to a successful resolution. As such, we would like to offer you the following options: 1. Keep your ordered item(s) and accept a partial refund. It is possible to receive a partial refund of $XXX.XX (USD). 2. Return and Refund. If you decide not to keep your ordered item(s), you can still return your order to XXXXXXXX and receive a full refund. However, you would be responsible for all return shipping fees. Whatever you decide, we will continue to honor you as a valued customer and appreciate your giving us the opportunity to serve you. If you have any questions, please feel free to contact me.

Best Regards,

(your name)

2. 提交平台裁决纠纷

买家将纠纷升级为平台纠纷，此时可以告诉买家已提供证据给“阿里巴巴纠纷组小二”，等待纠纷专员裁决。如果平台裁决退货退款，卖家要再次询问买家退货地址，并表达希望后续继续交易的期望。

Sample 14

Dear Customer,

We sincerely regret that we have been unable to come to terms regarding your order (no: XXXXX) but we hope to bring this matter to a successful resolution. We have provided photo and/or video evidence to AliExpress. Whatever the outcome, we will continue to honor you as a valued customer and appreciate your giving us the opportunity to serve you. If you have any questions, please feel free to contact me.

Best Regards,

(your name)

Sample 15

Dear Customer,

We are pleased to inform you that as a result of Aliexpress's arbitration, we may bring the dispute to a successful resolution. Regarding your order (No. XXXX), you are eligible for a return or refund. We have already provided our return address on Aliexpress but we'll confirm it here as well: Contact name: Address: xxxxx Zip Code: xxxxx Tel:xxxxxxxx (very important for us to receive the item) Please also be reminded: 1. Returned goods must remain intact and in original condition 2. Remember to mark “Order No.” and “Returned Goods” on the parcel. Please let me know your shipment tracking number so we may be able to better ensure there are no shipping delays and we can apply your refund to you as quickly as possible. We appreciate your cooperation and thank you for giving us the opportunity to serve you.

Best Regards,

(your name)

常用句型：

1. We sincerely regret that we have been unable to come to terms.

我很真诚地表示遗憾我们无法达成共识。

2. We would like to offer you the following options.

我们给你提供一下选择。

3. If you decide not to keep your ordered item(s), you can still return your order to XXXXX and receive a full refund.

如果你不想保留你订的货，你可以将货退到以下地址 XXXXX，然后我们给你全额退款。

4. You would be responsible for all return shipping fees.

你将承担所有的退货运费。

5. We will continue to honor you as a valued customer.

我们会一如既往地将你视为我们的贵宾。

4.3 客户维护Customer Maintenance

维护客户关系，留住回头客可以给卖家带来可观的订单。要想在跨境电子商务平台上有好的销售业绩，留住回头客、提高客户重复购买率是非常必要的。这就需要卖家在平时要多多和客户沟通，对优质客户进行定期维护。

客户维护流程图如图 4-3 所示。客户的维护主要包括客户的日常维护及新产

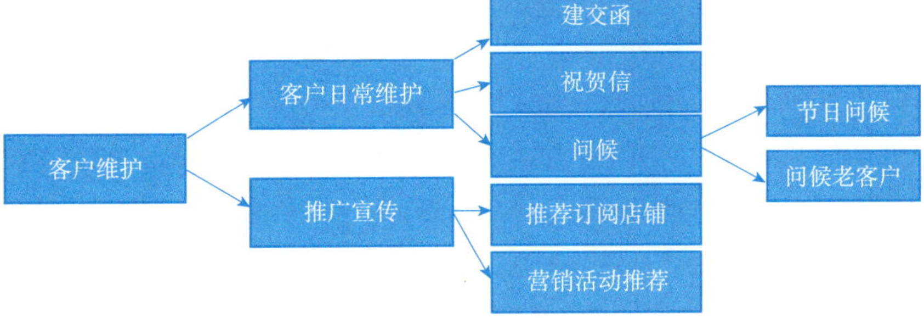

图 4-3 客户维护流程图

品推广或在节假日产品促销方面的宣传。卖方可以主动联系买家，以扩大交易地区及对象、建立长期业务关系、拓宽产品销路为目的发送建交函，选取某类特定商品，进行具体的推荐性介绍。除了拓宽新客户，每逢节假日卖家可以向老客户发送节假日的祝贺信或平时的问候信，以给客户留下深刻的印象。

4.3.1 客户日常维护 Daily Maintenance

与客户的感情交流是卖家用来维系客户关系的重要方式，节日的真诚问候、婚庆喜事、过生日时的一句真诚祝福、一个小礼物，都会使客户深为感动。交易的结束并不意味着客户关系的结束，在售后还须与客户保持联系，以确保他们的满足持续下去。

1. 建交函（新客户建立业务关系）

在维护客户中，试图和新客户建立业务往来关系也是极其重要的环节。在这一环节中，新客户的建立需要向客户介绍公司及产品优势，希望客户能对公司的资质和产品特色所吸引。

Sample 1

Dear customer,

We'd like to introduce our company and products to you, and hope that we may build business cooperation in the future.

We are specializing in manufacturing and exporting ball pens for more than 6 years. We have profuse designs with series quality grade and our price is competitive because we are the manufacturer.

You are welcome to visit our store http://.......which includes our company profiles and some hot selling products. Should any of these items be of interest to you, please let us know. As a very active manufacturer, we develop new designs every month. If you have interest in it, it's my pleasure to offer news to you regularly.

Best Regards,

(your name)

2. 祝贺信

祝贺信是为了祝贺生意上的朋友高升或得奖而发出的信。虽然祝贺信是写给个人的，却和一般朋友间的通信大不一样。它会影响你今后业务的开展，使彼此间可能形成一种微妙的亲密关系。

Sample 2

Dear Mr. Smith,

Congratulations on your recent promotion to Deputy Managing Director of ABC Trading Company. Because of our close association with you over the past ten years, we know how well you are qualified for this important office. You earned the promotion through years of hard work and we are delighted to see your true ability win recognition.

Congratulations and best wishes for continued success.

Yours sincerely,

Blank Lee

Import Manager

3. 节日问候

给已经联系的客户或者开发新的客户，发节日祝福邮件，一是维护好客户关系，二是和客户沟通确认细节，推荐产品，让客户记住你，对你有印象。

Sample 3

Dear customer,

Merry Christmas and happy New Year! The Christmas and New Year holiday is coming near once again. We would like to extend our warm wishes for the upcoming holiday season and would like to wish you and your family a Merry Christmas and a prosperous New Year. May your New Year be filled with special moment, warmth, peace and happiness, the joy of covered ones near, and wishing you all the joys of Christmas and a year of happiness.

It's my honor to contact with you before, and my duty is to give you our best products and excellent service. Hope the next year is a prosperous and harvest year for both of us ! Last but not least, once you have any inquiry about ***** (products) in the following days, hope you could feel free to contact with us, which is much appreciated.

Yours sincerely

Sample 4

Dear xxx,

Many thanks for your contiguous supports in the past years. We wish both business snowballing in the coming years.

May your New Year be filled with special moment, warmth, peace and happiness, the joy of covered ones near, and wishing you all the joys of Christmas and a year of happiness.

Last but not least, once you have any inquiry about products in the following days, hope you could feel free to contact with us, which is much appreciated.

Yours sincerely,

Sample 5

Dear xx,

As Easter Day is approaching, I do like to cherish this opportunity to wish you Happy Easter Day and brilliant life.

Regarding the xx product we talked before, the unit price is xx and packed in polybags.10 pieces is put in one carton 20X25X30cm. And the carton weight is 5 KG. The delivery time is 10-15 days. Is this information correct and enough?

Happy Easter and enjoy your life. We are always ready to offer you best service if you kindly let me know.

Yours sincerely

4. 问候老客户

非节假日问候老客户的主要目的是向客户介绍店铺的最新优惠活动，或者向客户介绍公司的最新产品。除了这两个目的，单纯性的问候也必不可少，以免客户遗忘店铺。问候可以加深客户对之前有过购物经历的店铺的印象。

Sample 6

Dear xxx,

It has been a long time we did not make contact. How are you doing?

Would you please kindly let us know what kind of the product you are looking for recently? If you have any new inquiry, please let us know and we would quote you our best price.

Attached is the updated price lists for your reference. Thanks for your attention!

Yours sincerely,

常用句型：

1. I'd like to introduce our company and products to you.

我想给你介绍公司和我们的产品。

2. I'd like to build business cooperation with you in the future.

我想要在将来和你建立起贸易合作关系。

3. We are specializing in manufacturing and exporting ball pens.

我们专业制造和出口圆珠笔。

4. We would like to extend our warm wishes for the upcoming holiday season.

为即将到来的假期表达我们真诚的祝愿。

5. Wish you and your family a Merry Christmas and a New Year.

祝愿你和你的家人圣诞快乐及新年快乐。

6. It has been a long time we did not make contact.

好久没有联系了。

7. Attached is the updated price lists for your reference.

随信附上最新价格单供您参考。

4.3.2 推广宣传 Promotion & Advertising

对于电商卖家来说，邮件是一种非常节约成本的营销渠道。因此，很多卖家都把邮件作为唯一的营销方式。其实，邮件还能改善其他营销方式的效果。

1. 推荐订阅店铺

产品邮件推送功能是速卖通平台为买家和卖家双方搭建起来的一个沟通渠道。买家一经订阅，每周都可以收到平台最新的优质产品和优质店铺信息，以及买家通过关键词或行业订阅的相关信息。卖家可以利用这个功能，推荐买家订阅卖家的店铺，即可让买家在第一时间了解卖家的最新产品。

Sample 1

Dear buyer,

Thanks you for showing interest in my products. In order to offer a better service and keep you updated with the latest promotions and products, please subscribe to my store. Any problem of subscribing, please refer to help.aliexpress.com/alert_subscribe.html

Yours sincerely,

Sample 2

Dear buyer,

Welcome to subscribe to my store. By a few clicks you can enjoy our VIP service such as the latest updates from new arrivals to best-selling products on a weekly basis etc. Any problem of subscribing, please refer to help.aliexpress.com/alert_subscribe.html.

Yours sincerely,

2. 营销活动推荐

营销推广的手段无非有以下几种：优惠券、限时秒杀、打折促销、会员优惠、抽奖活动等。这些活动都可以在一定程度上促进网站订单量的提升，那么，这些推广活动的开展除了吸引新客户以外，还有就是为了让店铺的老客户能再次进行购买，增加老客户的回头购买率。

Sample 3

Dear buyer,

Right now Christmas is coming, and Christmas gift has a large potential market. Many buyers bought them for resale in their own stores, and it's high profit margin product. Here is our Christmas gift link, please click to check them. If you want to buy more than 10 pieces, we can also help you get a wholesale price. Thanks.

Regards

Sample 4

Dear buyer,

Thank you for shopping in my shop.

To express our gratefulness to all our customers, a series of promotional activities will be held from June 1st to 7th by our company, such as $15 off orders of $99 or more, 22% off for all the products and different coupons for your choice. There are only 7 days left for the activities.

Don't hesitate to visit us.

Regards

常用句型：

1. In order to offer a better service and keep you updated with the latest promotions and products, please subscribe to my store.

为了方便后续为您提供更好的服务，建议您订阅我的店铺。

2. Welcome to subscribe to my store.

欢迎您订阅我的店铺。

3. If you want to buy more than 10 pieces, we can also help you get a wholesale price.

如果你买 10 件以上，我们可以给你批发价。

4. A series of promotional activities will be held from June 1st to 7th by our company.

我们店铺将在 6 月 1 日到 6 月 7 日之间举行一系列的营销活动。

5. There are only 7 days left for the activities.

离活动结束只剩 7 天。

Skill Practice

客户 Mr. Rhode Montijo 一个月前曾经在你的店铺买过一双鞋子，但是都没有重复买过东西。

1. 作为你的老客户，万圣节即将来临，向你的老客户表示节日的祝愿，并且将店铺新上的万圣节相关产品推荐给他。

2. 你的店铺开启了一系列的促销活动，如满 100 美元减 10 美元的活动，写信通知他。

3. Mr. Rhode Montijo 在收到产品后没有给评价，写信告诉他对订单做出评价，给 5 星好评。

4. 但是 Mr. Rhode Montijo 发信反映收到鞋子尺寸和产品的描述有出入，对订单表示不满意，在平台上开启纠纷，希望能够退款。请说服他关闭纠纷。

第5章

跨境电子商务争议处理

Settlements for Cross-Border E-Commerce Disputes

学习目标

- 了解跨境电子商务常见平台规则。
- 掌握跨境电子商务常见争议的处理策略。

技能目标

- 能够熟练运用主要跨境电子商务平台的平台规则。
- 能够有效处理跨境电子商务的争议。

跨境电子商务交易由于其特殊的交易媒介和交易方式，与传统国际贸易有很大区别，其争议也比传统贸易的纠纷更加烦琐，出现的问题更多。如何规范交易平台上的卖家和买家的交易活动以及保障交易流程的顺利进行，出现了争议如何处理，这些都是每一位跨境电子商务人应该学习的必修课。

Lead-in

As an online seller,

1. Do you know the common rules for Cross-border E-commerce Platform?

2. What kinds of disputes the seller might encounter?

3. How to deal with the disputes?

5.1 跨境电子商务常见平台规则 Common Rules for Cross-Border E-Commerce Platform

交易平台是联系销售者和消费者的桥梁，是跨境电子商务交易的核心问题，直接关系到跨境电子商务网络交易活动的顺利开展和持续发展。每一位想参与跨境电子商务的买家、卖家都应该对各大跨境电子商务的运营网站的平台规则有所了解，遵守规则，为自己顺利地进行跨境电子商务交易保驾护航。

目前，国内快速发展的跨境电子商务网站有：阿里巴巴全球速卖通在线交易平台（https://www.aliexpress.com）、Wish 商户平台（https://www.merchant.wish.com）、敦煌网中小商家的快速交易平台（https://www.seller.dhgate.com）、eBay（https://www.ebay.com）、亚马逊（https://www.amazon.com）等。每个平台都有自己独立的、完整的跨境电子商务平台规则，每个平台规则也都不相同。目前 eBay 和亚马逊对卖家的要求较高，不适合小卖家操作，因此本文将重点介绍速卖通，Wish 和敦煌网的平台规则。跨境电子商务常见平台规则如图 5-1 所示。

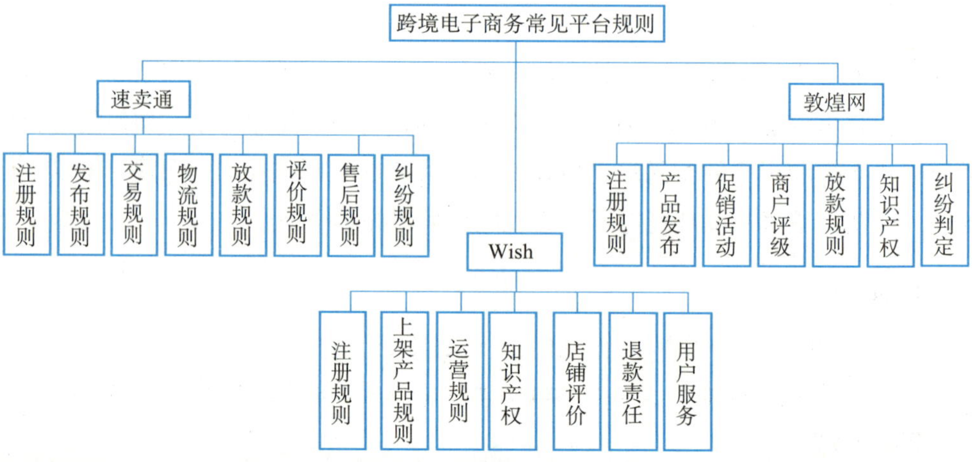

图 5-1　跨境电子商务常见平台规则

5.1.1 阿里巴巴全球速卖通交易平台 Aliexpress

全球速卖通是阿里巴巴旗下面向全球市场打造的在线交易平台，被广大卖家称为国际版“淘宝”。速卖通于2010年4月上线，经过7年多的迅猛发展，目前已经覆盖220多个国家和地区的海外买家，每天海外买家的流量已经超过5000万，最高峰值达到1亿，已经成为全球最大的跨境交易平台。

1. 注册规则

- 只需要拥有一个本人使用的电子邮箱及一个实名认证的中国支付宝账号就可以开启一个新的速卖通账户。
- 注册成功后系统会自动分配会员的ID。这个ID是唯一的，不能修改。
- 一个会员仅能拥有一个可出售商品的速卖通账户（速卖通账户指主账户）。

2. 发布规则

（1）禁售、限售规则

- 禁售产品：指因涉嫌违法、违背社会道德或违背平台发展原则等原因，而禁止发布和交易的产品。
- 限售产品：指信息发布前需要取得商品销售的前置审批、凭证经营或授权经营等许可证明，否则不允许发布的产品。

具体的禁售、限售产品列表请参见《全球速卖通禁限售商品目录》，网址如下：

http://activities.aliexpress.com/adcms/seller-aliexpress-com/education/rules/post001.php

表5-1所列为禁限售积分处罚和店铺处罚表。

表5-1 禁限售积分处罚和店铺处罚表

处罚依据	行为类型	积分处罚	其他处罚	备注
《禁限售规则》	发布禁限售商品	严重违规：48分/次（关闭账号）	退回/删除违规信息	规则新增的30天内拦截的信息，只退回或删除，不积分
		一般违规：0.5～6分/次（1天内累计不超过12分）	若核查到订单中涉及禁售限售商品，速卖通将关闭订单，如买家已付款，无论物流状况如何均全额退款给买家，卖家承担全部责任	

0.5～6分/次扣分标准，详见《全球速卖通禁限售商品目录》。

（2）知识产权规则

在全球速卖通平台，严禁用户未经授权发布、销售涉及第三方知识产权的商品。

知识产权侵权行为包括但不局限于以下三类：商标侵权、专利侵权和著作权侵权，如表 5-2 所列。

表5-2　知识产权侵权行为类型

侵权行为类型	定义
商标侵权	未经商标权人的许可，在商标权核定的同一或类似的商品上使用与核准注册的商标相同或相近的商标的行为，以及其他法律规定的损害商标权人合法权益的行为
专利侵权	未经专利权人许可，以生产经营为目的，实施了依法受保护的有效专利的违法行为
著作权侵权	未经著作权人同意，又无法律上的依据，使用他人作品或行使著作权人专有权的行为，以及其他法律规定的损害著作权人合法权益的行为

知识产权管理规则如表 5-3 所列。

（3）搜索作弊

搜索作弊主要包括关联性作弊、价格不符和销量作弊三大类。

- 关联性作弊：关联性作弊主要有类目错放（指商品实际类别与发布商品所选择的类目不一致）、属性错选（用户发布商品时，类目选择正确，但选择的属性与商品的实际属性不一致的情形）、标题堆砌（指在商品标题中出现关键词使用多次的行为）、黑五类商品错放（指订单链接等处设置的运费低于实际收取的运费的行为）、标题类目不符（指商品类目或者标题中部分关键词与实际销售产品不相符）。

- 价格不符：价格不符主要指商品超低价（指卖家以较大偏离正常销售价格的低价发布商品，在默认和价格排序时，吸引买家注意，骗取曝光）、商品超高价（指卖家以较大偏离正常销售价格的高价发布商品，在默认和价格排序时，吸引买家注意，骗取曝光）、SKU 作弊［（指卖家以刻意规避商品 SKU 设置规则，滥用商品属性设置过低或者不真实的价格，使商品排序靠前（如价格排序）的行为，或者在同一个商品的属性选择区放置不同商品的行为）］。

表5-3 知识产权管理规则

<table>
<tr><th colspan="3" rowspan="2">违规行为</th><th colspan="4">违规行为情节/频次</th><th rowspan="2">备注</th><th rowspan="2">其他处罚</th></tr>
<tr><th>第一次违规</th><th>第二次违规</th><th>第三次违规</th><th>第四次违规及以上</th></tr>
<tr><td rowspan="7">《知识产权规则》</td><td colspan="2">买家投诉收到假货</td><td colspan="4">6 分 / 次</td><td></td><td rowspan="7">退回 / 删除违规信息</td></tr>
<tr><td colspan="2">图片盗用投诉</td><td>0 分</td><td colspan="3">6 分 / 次</td><td>首次投诉 5 天内算一次；其后一天内若有多次投诉成立扣一次分。时间以投诉结案时间为准</td></tr>
<tr><td rowspan="2">权利人投诉</td><td>一般侵权</td><td>0 分</td><td colspan="3">6 分 / 次</td><td>首次被投诉后 5 天内的同一知识产权投诉成立算一次；其后每一天内所有同一知识产权投诉成立扣一分。时间以投诉处理时间为准</td></tr>
<tr><td>严重侵权</td><td>0 分</td><td>12 分</td><td>12 分 / 36 分</td><td>24 分</td><td>首次被投诉后 5 天内投诉成立算一次；其后每次被投诉成立扣 12 分，第四次扣 24 分；若累计同一知识产权投诉成立达 3 次，第 3 次扣 36 分
一天内所有知识产权投诉成立扣一次分，时间以投诉处理时间为准。（每次违规后，均需进行知识产权学习）</td></tr>
<tr><td rowspan="3">平台抽样检查 / 举报涉嫌侵权</td><td colspan="2">一般</td><td colspan="2">0.2 分 / 次（一天内扣分不超过 6 分）</td><td></td></tr>
<tr><td colspan="2">严重（发布涉嫌侵权的品牌衍生词；发布涉嫌侵权信息且类目错放；）</td><td colspan="2">2 分 / 次（一天内扣分不超过 12 分）</td><td></td></tr>
<tr><td colspan="2">特别严重
（1）全店售假
（2）进行恶意规避行为等</td><td colspan="2">48 分 / 次</td><td></td></tr>
</table>

备注：1. 下架商品在“平台抽样检查”范围之内，如有侵权行为会按照相关规定处罚。

2. 若 3 次被同一知识产权投诉成立，第 3 次则扣 36 分，若 3 次是不同知识产权投诉成立，第 3 次则扣 12 分。

• 销量作弊：销量作弊主要指更换产品（指通过对原有产品的标题、价格、图片、类目、详情等信息的修改发布其他产品，含产品的更新换代，新产品应选择重新发布），对买家的购买造成误导。但如修改只涉及对原有产品信息的补充、更正，而不涉及产品更换，则不视为“更换产品”的行为。

3. 交易规则

（1）成交不卖与虚假发货

成交不卖，指买家付款后，卖家逾期未按订单发货，或因卖家的原因导致取消订单的行为，包括两种类型：①买家付款后，卖家延误发货导致订单关闭；②买家在发货前申请取消订单，同时买家选择的是由于卖家原因造成的。成交不卖后产品会被下架，在一定时间内店铺成交不卖的次数和比例累计达到一定数量后，平台将给予店铺不同程度的搜索排名靠后处理；情节严重的，将对店铺进行屏蔽；情节特别严重的，将冻结账户或直接关闭账户。

有些人想避开“成交不卖”的规则，填写无效的运单号，或者虽然运单号有效，但与订单交易明细无关，这就构成了虚假发货。如果遇到转单号或者运单号填写错误，则应在运单号修改时间范围内及时更新，低价值货物无法单个发货，建议设置成打包销售。

（2）货不对版与违背承诺

严重货不对版：指买家收到的商品与达成交易时卖家对商品的描述或承诺在类别、参数、材质、规格等方面不相符。

严重“货不对版”行为包括但不限于以下几种情况：

• 寄送空包裹给买家。
• 订单产品为电子存储类设备，产品容量与产品描述或承诺严重不符。
• 订单产品为计算机类产品硬件，产品配置与产品描述或承诺严重不符。
• 订单产品和寄送产品非同类商品且价值相差巨大。

违背承诺：指卖家未按照承诺向买家提供服务，损害买家正当权益的行为，包括交易及售后相关服务承诺、物流相关承诺、违背平台既定规则或要求，以及卖家违背其自行做出的其他承诺等。对买家购物体验造成严重影响，一旦买家提起此类投诉，则根据情节轻重卖家会被给予警告、7 天冻结账户及永久关店的处罚。

"违背承诺"案例

Case1：买家下单产品单价为 2.5 美元，付款成功后，卖家在留言中要求买家购满 10 美元以上才发货。

Case2：买家下单时，默认运输方式是 DHL，但是实际发货中，卖家为了节省运费，选择小包发货。

Case3：买家下单时显示免运费，发货前卖家给买家留言当时运费设置错误，需要买家补上运费才能发货。

Case4：买家收到货物后发现有问题，需要退换货，卖家曾经留言同意支付退回运费，但是实际并未支付。

（3）不正当竞争与不法获利

不正当竞争包含以下两方面的行为。

- 不当使用他人权利：①卖家在所发布的商品信息或所使用的店铺名、域名等中不当使用他人的店铺名或域名等；②卖家所发布的商品信息或所使用的其他信息造成消费者误认、混淆。
- 卖家通过自身或利用其他会员账户对其他卖家进行恶意下单、恶意评价、恶意投诉的行为，影响其他卖家声誉与正常经营。

"不正当竞争"案例：

卖家 1 的店铺名为 A，经营假发，商标名 nala hair 正在申请中，卖家 2 在速卖通平台上使用卖家 1 的 logo 以及 nala hair 关键字、店铺名字和产品图片拍摄角度均与店铺 A 相同。

上述卖家 2 不正当地使用了他人权利，并且不配合整改，违反平台规则，最终店铺被关闭。

不法获利：指卖家违反速卖通规则，涉嫌侵犯他人或平台财产权或其他合法权益的行为，包括但不限于以下情形。

- 卖家通过发布或提供大量虚假的或与承诺严重不符的商品、服务或物流信息骗取交易款项的。
- 交易中诱导交易对方违背速卖通正常交易流程操作并获得不正当利益的。
- 发送钓鱼链接或木马病毒信息用于骗取他人财物的。
- 利用非法手段骗取平台 coupon（优惠券、折价券等）、保证金、平台赔付基金等款项的。

- 假借速卖通及其关联公司工作人员或速卖通店铺客服名义行骗的。
- 通过第三方账户实施诈骗行为骗取他人财物的。
- 卖家违反速卖通规则，通过其他方式非法获利的。

对于不法获利的行为，平台一律给予直接扣除 48 分或直接关闭账户的处理。

（4）信用与销量炒作

信用与销量炒作指通过不正当方式提高或者试图提高账户信用积分或商品销量，妨害买家高效购物权益的行为，包括采用以下形式来提高销量及信用积分：

- 卖家利用第三方平台（包括其他卖家）提供的工具、服务或便利条件进行虚假交易。
- 卖家自己注册或操纵其他账号，购买自己发布的商品进行虚假交易。
- 卖家与买家串通进行虚假交易。
- 以直接或间接的方式，变更商品页面信息、大幅度修改商品价格或商品成交价格等。
- 其他非正常交易手段。

4. 处罚

交易违规处罚表如表 5-4 所列。

表5-4　交易违规处罚表

违规行为类型	处罚方式
虚假发货	虚假发货一般违规：2 分 / 次 虚假发货严重违规：12 分 / 次 说明：速卖通平台将根据卖家违规行为情节特别严重的将进行扣除 48 分的判定。同时，被平台认定为虚假发货的，不论是虚假发货一般违规或是严重违规，平台将立即关闭该笔订单，并将订单款项退还买家，由此导致的责任由卖家承担。
信用与销量炒作	1. 对于被平台认定为构成信用及销量炒作行为的卖家，平台将删除其违规信用积分及销量记录，对信用及销量炒作行为涉及的订单进行退款操作，并根据其违规行为的严重程度，分别给予一般：6 分 / 次；中等：12 分 / 次；严重：24 分 / 次；特别严重：48 分 / 次 2. 对于第二次被平台认定为构成信用及销量炒作行为的卖家，不论行为的严重程度如何，平台一律作清退处理
诱导提前收货	一般违规：2 分 / 次；严重违规：12 分 / 次，性质特别严重的，给予账户直接扣 48 分或清退

续表

违规行为类型	处罚方式
严重货不对版	1. 被判定特别严重货不对版，直接扣除 48 分或直接关闭账户 2. 货不对版一般行为，一般：2 分 / 次；严重：12 分 / 次 说明：速卖通平台将根据卖家违规行为情节严重程度进行直接扣除 48 分或关闭账户的判定
恶意骚扰	一般：2 分 / 次；严重：12 分 / 次；情节特别严重的：48 分 / 次
不法获利	48 分 / 次或直接清退
严重扰乱平台秩序	一般：2 分 / 次；严重：12 分 / 次；情节特别严重的：48 分 / 次
不正当竞争	不正当竞争一般违规：1 分 / 次，限期整改 不正当竞争严重违规：3 分 / 次；情节特别严重的：48 分 / 次
违背承诺	违背承诺一般违规：1 分 / 次，对应商品下架处理 违背承诺严重违规：3 分 / 次；情节特别严重的：48 分 / 次
严重店铺超低价	一般违规：2 分 / 次；严重违规：12 分 / 次，性质特别严重的，给予账户直接扣 48 分或清退
引导线下交易	一般违规：2 分 / 次；严重违规：12 分 / 次，性质特别严重的，给予账户直接扣 48 分或清退

5. 促销规则

卖家在速卖通平台的交易情况必须满足以下条件，才有权申请加入平台组织的促销活动。

（1）有交易记录的卖家，需满足如下条件：

① 好评率≥ 90%。

② 速卖通平台对特定促销活动设定的其他条件。

备注：上述的“好评率”非固定值，不同类目、特定活动或遇到不可抗力事件影响，会适当进行调整。

（2）无交易记录的卖家

由速卖通平台根据实际活动需求和商品特征制定具体卖家准入标准。

6. 物流规则

（1）速卖通目前只支持卖家使用航空物流方式。卖家必须按照如下的物流政策选择发货的物流方式（详情见表 5-5）：

- 美国

成交金额≥5美元的订单：允许使用标准类物流服务中的“E邮宝”、“AliExpress无忧物流－标准”及快速类物流服务，其他标准类物流服务及经济类物流服务将不被允许（特殊类目商品除外）。

成交金额＜5美元的订单：允许使用标准类、快速类物流服务及线上经济类物流服务，线下经济类物流服务（无挂号平邮）将不被允许。

- 除美国外的其他国家

允许使用标准类、快速类物流服务及线上经济类物流服务，线下经济类物流服务（无挂号平邮）将不被允许。

表5-5　速卖通物流政策

<table>
<tr><th rowspan="3">收货国家</th><th rowspan="3">商品类目</th><th rowspan="3">订单实际支付金额</th><th colspan="6">物流服务等级</th></tr>
<tr><th colspan="2">经济类</th><th colspan="2">标准类</th><th colspan="2">快速类</th></tr>
<tr><th>线下发货</th><th>线上发货</th><th>线下发货</th><th>线上发货</th><th>线下发货</th><th>线上发货</th></tr>
<tr><td rowspan="3">美国</td><td rowspan="2">普通类目</td><td>≥5美元</td><td>不可用</td><td>不可用</td><td colspan="2">E邮宝、AliExpress无忧物流－标准可用，其他不可用</td><td>可用</td><td>可用</td></tr>
<tr><td>＜5美元</td><td>不可用</td><td>可用</td><td>可用</td><td>可用</td><td>可用</td><td>可用</td></tr>
<tr><td>特殊类目</td><td>所有订单</td><td>不可用</td><td>可用</td><td>可用</td><td>可用</td><td>可用</td><td>可用</td></tr>
<tr><td>除美国外的其他国家</td><td>所有类目</td><td>所有订单</td><td>不可用</td><td>可用</td><td>可用</td><td>可用</td><td>可用</td><td>可用</td></tr>
</table>

（2）卖家发货所选用的物流方式必须是买家所选择的物流方式，未经买家同意，不得无故更改物流方式。

（3）卖家填写发货通知时，所填写的运单号必须真实并可查询。

7. 放款规则

放款规则分为一般放款规则和特殊放款规则。

（1）一般放款规则

速卖通中的订单采取的是担保交易的形式，必须满足买家确认收货和物流妥投双重条件。如果速卖通依据合理判断订单或卖家存在纠纷、欺诈等风险，则速卖通有权延长放款周期。针对交易完成的订单，速卖通会进行系统和人工的物流核实，只有确认为“物流妥投”，订单的款项才会打入卖家相应的账户中。

速卖通根据卖家的综合经营情况（例如好评率、拒付率、退款率等）评估订单放款时间：

- 在发货后的一定期间内进行放款，最快放款时间为发货 3 天后。
- 买家保护期结束后放款。
- 账号关闭的，且不存在任何违规违约情形的，在发货后 180 天放款。

具体放款时间如表 5-6 所列。

表5-6　放款时间表

账号状态	放款规则		
账号正常	放款时间	放款比例	备注
	发货 3 个自然日后（一般是 3 ～ 5 天）	70% ～ 97%	保证金释放时间见提前放款保证金释放时间表（见表 5-7）
		100%	
	买家保护期结束后	100%	买家保护期结束：买家确认收货 / 买家确认收货超时后 15 天
账号关闭	发货后 180 天	100%	无

（2）特殊放款规则

在特殊放款规则出台之前，在一般放款条件下，如果订单的物流信息没有妥投记录，订单款项将被系统冻结 180 天，从买家支付货款成功那天开始计算。

所谓“特殊放款计划”，是指经过审核的速卖通卖家在产品发货后，缴纳一定比例的保证金即可立即提取大部分的货款。目前，只要在速卖通持续经营 6 个月以上，并且达到系统计算的风控综合指标要求，是可以免费加入提前放款计划的。提前放款计划流程图如图 5-2 所示。

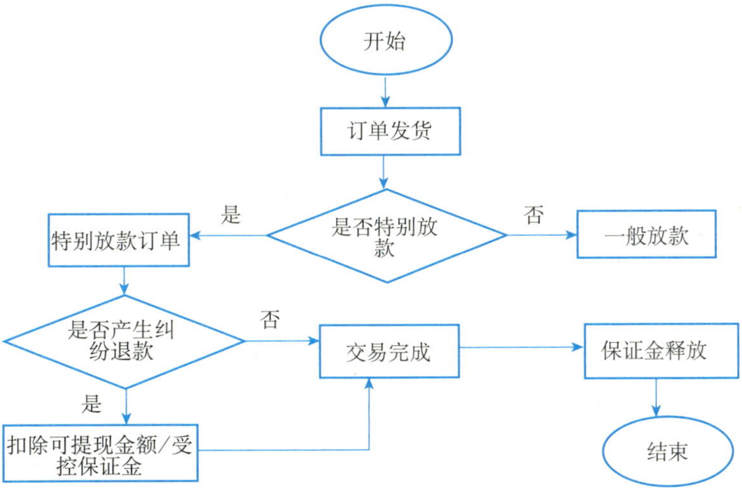

图 5-2　提前放款计划流程图

在卖家订单发货后，如果没有申请特别放款，则平台将按一般放款操作。

若买家申请了特别放款且交易没有产生纠纷，则根据提前放款保证金释放时间表（见表 5-7）进行保证金释放。订单交易结束时间 (买家确认收货 / 超时) 小于等于 30 天，保证金释放时间在卖家发货后第 30 天；订单交易结束时间 (买家确认收货 / 超时) 大于 30 天小于等于 60 天，保证金在订单交易结束时间点放；发货超过 60 天订单未结束，在卖家发货第 60 天释放保证金。

若买家申请了特别放款且交易中出现纠纷，则平台会扣除可提现的金额或受控保证金，在交易完成之后再释放保证金。

表5–7　提前放款保证金释放时间表

<table>
<tr><th colspan="4">提前放款保证金释放时间表</th></tr>
<tr><th>类型</th><th colspan="2">条件</th><th>保证金释放时间</th></tr>
<tr><td rowspan="4">按照订单比例冻结的保证金</td><td>商业快递 + 系统核实物流妥投</td><td>无</td><td>交易结束当天</td></tr>
<tr><td rowspan="3">1. 商业快递 + 系统未核实到妥投
2. 非商业快递</td><td>交易完成时间—发货时间≤ 30 天</td><td>发货后第 30 天</td></tr>
<tr><td>交易完成时间—发货时间 30-60 天</td><td>交易结束当天</td></tr>
<tr><td>交易完成时间—发货时间≥ 60 天</td><td>发货第 60 天</td></tr>
<tr><td rowspan="3">固定保证金</td><td>账号被关闭</td><td rowspan="3">无</td><td rowspan="3">提前放款的订单全部结束（交易完成 +15 天）后，全额释放</td></tr>
<tr><td>退出提前放款</td></tr>
<tr><td>提前放款不准入</td></tr>
</table>

8. 评价规则

（1）评价分类

全球速卖通平台的评价分为信用评价及卖家分项评分两类，如图 5-3 所示。

信用评价，是指交易的买卖双方在订单交易结束后对对方信用状况的评价；信用评价包括五分制评分和评论两部分。

卖家分项评分，是指买家在订单交易结束后以匿名的方式对卖家在交易中提供的商品描述的准确性（Item as described）、沟通质量及回应速度（Communication）、物品运送时间合理性（Shipping speed）三方面服务作出的评价，是买家对卖家的单向评分。信用评价买卖双方均可以进行互评，但卖家分项评分只能由

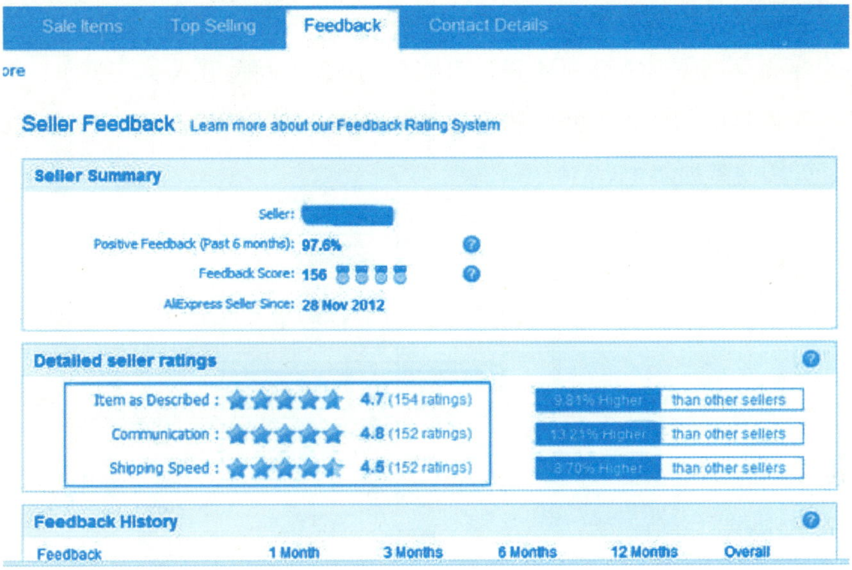

图 5-3　速卖通平台评价

买家对卖家作出。

所有卖家全部发货的订单，在交易结束 30 天内买卖双方均可评价。对于信用评价，如果双方都未给出评价，则该订单不会有任何评价记录；如一方在评价期间内作出评价，另一方在评价期间内未评的，则系统不会给评价方默认评价（卖家分项评分也无默认评价）。

（2）好评率和信用积分计算

商品 / 商家好评率（Positive Feedback Ratings）和商家信用积分（Feedback Score）的计算方式如下：

- 相同买家在同一个自然旬（自然旬即为每月 1 ～ 10 日，11 ～ 20 日，21 ～ 31 日）内对同一个卖家只做出一个评价的，该买家订单的评价星级则为当笔评价的星级（自然旬统计的是美国时间）。
- 相同买家在同一个自然旬（自然旬即为每月 1 ～ 10 日，11 ～ 20 日，21 ～ 31 日）内对同一个卖家做出多个评价，按照评价类型（好评、中评、差评）分别汇总计算，即好中差评数都只各计一次（包括 1 个订单里有多个产品的情况）。
- 在卖家分项评分中，同一买家在一个自然旬内（自然旬即为每月 1 ～ 10 日，11 ～ 20 日，21 ～ 31 日）对同一卖家的商品描述的准确性、沟通质量及回应速度、物品运送时间合理性三项中某一项的多次评分只算一个，该买家在该自然旬对某一项的评分计算方法如下：

平均评分 = 买家对该分项评分总和 / 评价次数（四舍五入）

卖家所得到的信用评价积分决定了卖家店铺的信用等级标志，具体标志及对应的积分如图 5-4 所示。

Lerel	Seller	Buyer	Score
L1.1			3-9
L1.2			10-29
L1.3			30-99
L1.4			100-199
L1.5			200-499
L2.1			500-999
L2.2			1000-1999
L2.3			2000-4999
L2.4			5000-9999
L2.5			10000-19999
L3.1			20000-49999
L3.2			50000-99999
L3.3			100000-199999
L3.4			200000-399999
L3.5			400000分以上

图 5-4　卖家与买家信用等级标志及积分

以下 3 种情况不论买家留差评或好评，仅展示留评内容，都不计算好评率及评价积分：

- 成交金额低于 5 美元的订单（成交金额明确为买家支付金额减去售中的退

款金额，不包括售后退款情况）。

• 买家提起未收到货纠纷，或纠纷中包含退货情况，且买家在纠纷上升到仲裁前未主动取消。

• 运费补差价、赠品、定金、结账专用链、预售品等特殊商品（简称“黑五类”）的评价。

除以上情况之外的评价，都会正常计算商品 / 商家好评率和商家信用积分。不论订单金额，都统一为：好评 +1，中评 0，差评 -1。 对于信用评价，买卖双方可以针对自己收到的差评进行回复解释。

9. 售后规则

速卖通售后规则中最重要的规则是限时达和假一赔三。

（1）限时达

在消费者保护第一期期间，速卖通针对全体卖家推出限时达（承诺运达时间）服务。

卖家根据自身货物能力填写运费模板中的“承诺运达时间”，对不同运输方式到达不同国家的运达时间进行承诺保障（例如 EMS 承诺最迟在 27 天可到达美国）。

时间区间是指从卖家填写运单号开始到货物妥投为止，填写上限为 60 天，其中俄罗斯的限时达上限是 90 天，巴西是 120 天。比现行商业快递（23 天）、EMS（27 天）纠纷退款规则在时间上更为宽裕。如图 5-5 所示，添加运费模板时，卖家可以选择“自定义运达时间”进行设置。

图 5-5　运费模板设置

若同时满足以下 3 个条件，则经过平台仲裁后，货款将全部退给买家：

- 货物超时未到达。
- 买家提起超时赔付纠纷。
- 买卖双方沟通后无法达成协议。

（2）假一赔三

假一赔三是消费者保护第二期速卖通推出的一项保障计划。在买家赔付申请成立的情况下，卖家承担假一赔三责任，即退回买家实际支付的款项，并依照卖家实际支付商品价款的两倍（不包含运费）向买家赔偿，并承担全部运费。

当速卖通裁定假一赔三赔付成立的交易大于或等于两笔时，则本协议自动终止。“假一赔三”协议的具体内容请参见 http://seller.aliexpress.com/buyerprotection/shangpinbaozhang.html。

10. 纠纷规则

（1）卖家发货并填写发货通知后，买家如果没有收到货物或者对收到的货物不满意，可以在卖家全部发货 10 天后申请退款（若卖家设置的限时达时间小于 5 天则买家可以在卖家全部发货后立即申请退款），买家提交退款申请时纠纷即生成。

（2）当买家提交或修改纠纷后，卖家必须在 5 天内“接受”或“拒绝”买家的退款申请，否则订单将根据买家提出的退款金额执行。

（3）如果买卖双方协商达成一致，则按照双方达成的退款协议进行操作；如果无法达成一致，则提交至速卖通进行裁决。

- 买家提交纠纷后，双方有 7 天的协商期，全球速卖通的“纠纷小二”会在 7 天内（包含第 7 天）介入处理。
- 若买家提起的退款申请原因是“未收到货 - 货物在途”，则系统会在“限时达”到达后自动提交速卖通进行裁决。

（4）为提高买家体验和对全球速卖通平台及平台卖家的信心，全球速卖通鼓励卖家积极与买家协商。出现协商不一致的情况时，“纠纷小二”主动介入并给出方案解决（“纠纷小二”介入后，买卖家还是可以协商的）。

（5）如买卖双方达成退款协议且买家同意退货的，买家应在达成退款协议后 10 天内完成退货发货并填写发货通知，全球速卖通将按以下情形处理：

- 买家未在 10 天内填写发货通知，则结束退款流程并提示交易完成。
- 买家在 10 天内填写发货通知且卖家 30 天内确认收货，速卖通根据退款协议执行。

- 买家在 10 天内填写发货通知，30 天内卖家未确认收货且卖家未提出纠纷的，速卖通根据退款协议执行。
- 在买家退货并填写退货信息后的 30 天内，若卖家未收到退货或收到的货物货不对版，卖家也可以提交到速卖通进行纠纷裁决。

5.1.2 Wish 商户平台 Wish

Wish 平台 2011 年在美国旧金山硅谷成立，2013 年 3 月加入商品交易系统，进入外贸电子商务领域。

虽然 Wish 的主体用户群集中在欧美地区，但是中国商户的销售额占比却增长十分迅速。2013 年 12 月，Wish 年经营收益率超过 1 亿美元。2014 年 2 月，Wish 在中国成立全资子公司，2014 年 12 月，Wish 的年经营收益率超过 4 亿美元。

1. 注册规则

（1）注册期间提供的信息必须真实准确

如果注册期间提供的账户信息不准确，账户可能会被暂停。

（2）个人或公司只能拥有一个账号

- 个人或公司只能有一个账号，若同时拥有多个账号，这多个账号都可能被暂停。
- 一个账号下可以创建多个子账号便于管理。多个子账号同时归母账号管理，子账号的权限由母账号设定。
- 如果上传的产品数量多，种类繁杂，那么子账号的创建，便于产品的分类管理。

2. 上架产品规则

Wish 作为移动购物电商平台，作为商户，一定要放弃做淘宝的定性思维。在上架产品方面也有如下几点需要特别注意：产品图片、产品标题、Tag 标签、产品描述、颜色与尺寸和价格与运费。

（1）产品图片（Product Picture）

- 图片质量高。
- 图片达到 400 × 400 以上像素方形。

- 图片数量建议多图，最好不要超过 6 张。
- 买家手机端很多时候是看图购物的。

（2）产品标题（Product Name）

- 不需要做标题优化（关键词堆积）。
- 搜索权重低（搜索的比例也很低）。
- 标题要求简明清楚准确，能描述销售的产品品牌、系列或者采用“产品名称 + 几个关键属性 + 通用”形式描述。
- 不要出现敏感词，如 fake，replica。这类 Tag 标签推送以及搜索权重很高。

（3）Tag 标签

- Tag 标签最多写 10 个。
- 位置越靠前，权重越大（未有数据统计）。
- Tag 标签设置要精准，这涉及产品推送之后的转化率，只有将 Tag 标签设置得精准才能通过推送引来有效流量，提高购买转化率。转化率的权重是非常高的。

例如：一条裙子的 Tag 标签设置如下：

一级类目	二级类目	产品	属性1	属性2	属性3	属性4	属性5
Clothing	Women clothing	Women Dress	Party	Black	cotton	Retro	Sleeveless

（4）产品描述（Product Description）

7.5 简洁清晰，描述时要从消费者角度出发，不能从制造商角度出发。

- 不要有 HTML 代码。
- 描述清楚产品图片不能说明的一些属性（如功能、特性等）。

尺寸、合身、度量等一些信息的补充说明。

描述时要使用好换行，不要将所有描述都挤在一起。

（5）颜色与尺寸（Color & Size）

- 只有这两个选择属性。
- 增加这 2 个选择属性有利于提高产品的曝光量。
- Wish 对于服装的尺码有一套官方尺码表（见图 5-6 和图 5-7）。
- 尺码描述要清晰。

(男)	XS	S	M	L	XL	XXL	3XL
Chest 胸围	32 ~ 35in (81 ~ 89cm)	35 ~ 38in (89 ~ 97cm)	38 ~ 41in (97 ~ 104cm)	42 ~ 45in (107 ~ 114cm)	46 ~ 49in (117 ~ 124cm)	50 ~ 53in (127 ~ 135cm)	54 ~ 57in (137 ~ 145cm)
Waist 腰围	26 ~ 29in (66 ~ 74cm)	29 ~ 32in (74 ~ 81cm)	32 ~ 35in (81 ~ 89cm)	36 ~ 39in (91 ~ 99cm)	40 ~ 43in (102 ~ 109cm)	44 ~ 47in (112 ~ 119cm)	48 ~ 51in (122 ~ 130cm)
Hip 臀围	32 ~ 34in (81 ~ 86cm)	35 ~ 37in (89 ~ 94cm)	38 ~ 40in (96.5 ~ 101.5cm)	41 ~ 43in (104 ~ 109cm)	44 ~ 46in (112 ~ 117cm)	48 ~ 50in (122 ~ 127cm)	52 ~ 54in (132 ~ 137cm)
Sleeve 袖长	32in (81cm)	33in (84cm)	34in (86cm)	35in (89cm)	36in (91cm)	37in (94cm)	37in (94cm)
Neck 领口	13 1/2 ~ 14in (34 ~ 35.5cm)	14 1/2 ~ 15in (37 ~ 38cm)	15 1/2 ~ 16in (39 ~ 40.5cm)	16 1/2 ~ 17in (42 ~ 43cm)	17 1/2 ~ 18in (44.5 ~ 46cm)	18 1/2 ~ 19in (47 ~ 48cm)	18 1/2 ~ 20in (49.5 ~ 51cm)
Regular Inseam	31in (79cm)	31.5in (80cm)	32in (81cm)	32.5in (83cm)	33in (84cm)	33.5in (85cm)	34in (86cm)
Long Inseam	33.25in (84cm)	33.75in (86cm)	34.25in (87cm)	34.75in (88cm)	35.25in (90cm)	35.75in (91cm)	36.25in (92cm)

图 5-6　男士运动登山类服装尺码

Outerwear Tops and Bottoms					
	XS	S	M	L	XL
US Size	2	4 ~ 6	8 ~ 10	12 ~ 14	16 ~ 18
Bust	32 ~ 34in (82 ~ 86cm)	34 ~ 36in (86 ~ 91.5cm)	36 ~ 38in (91.5 ~ 96.5cm)	38 ~ 41in (96.5 ~ 104cm)	41 ~ 44in (104 ~ 112cm)
Waist	24 ~ 26in (61 ~ 66cm)	26 ~ 28in (66 ~ 71cm)	28 ~ 30in (71 ~ 76cm)	30 ~ 33in (76 ~ 84cm)	33 ~ 36in (84 ~ 91.5cm)
Hip	34 ~ 36in (86 ~ 91.5cm)	36 ~ 38in (91.5 ~ 96.5cm)	38 ~ 40in (96.5 ~ 101.5cm)	40 ~ 43in (101.5 ~ 109cm)	43 ~ 46in (109 ~ 117cm)
Inseam	29in (73.5cm)	29.5in (75cm)	30in (76cm)	30.5in (77.5cm)	31in (79cm)

图 5-7　女士运动登山类服装尺码

（6）价格与运费（Price & Freight）

- Wish 不提倡价格战，但是合理的价格定位还是有助于提升转化率的。
- 产品价格和运费占比要合理。
- 热销产品的价格段在 15 ～ 30 美元。
- 要显示折扣（Price 现价，MSRP 价格即 Manufacturer Suggested Retail Price 厂商指导零售价）。
- 降价（若系统发现产品显示价格下降或做降价处理时，会将信息推送给有收藏该产品的客户或者曾经买过此产品的客户）。

提升产品推送曝光 Tip

- 高质量的多图。
- 恰当的 Tag 标签设置。
- 颜色和尺码的属性选择。
- 准确的产品描述（减少退款）。
- 合理的产品和运费定价。
- 持续上传产品。

（7）产品清单

- 产品上传期间提供的信息必须准确

如果对所列产品提供的信息不准确，该产品可能会被移除，且相应的账户可能面临罚款或被暂停。

- Wish 严禁销售伪造产品

严禁在 Wish 上列出伪造产品。如果商户推出伪造产品进行出售，这些产品将被清除，并且其账户将面临罚款，甚至可能会被暂停。

- 产品不能侵犯其他方的知识产权

产品图像和文本不得侵犯其他方的知识产权。这包括但不限于版权、商标和专利。如果商户列出的产品侵犯了其他方的知识产权，这些产品将被清除，并且其账户将面临罚款，可能还会被暂停。

- 产品不得引导用户离开 Wish

如果商户列出的产品鼓励用户离开 Wish 或联系 Wish 平台以外的店铺，产品将被移除，其账户将被暂停。

- 严禁列出重复的产品

严禁列出多个相同的产品。相同尺寸的产品必须列为一款产品。不得上传重复的产品。如果商户上传重复的产品，产品将被移除，且其账户将被暂停。

3. Wish 运营规则

（1）平台佣金的收取

平台收取佣金计算公式为：

$$佣金 =（销售价格 + 运费价格）\times 15\%$$

例如：某一款 LED 灯，如果设置的销售价格是 20 美元，运费设置为 2 美元，则我们最后获得的金额为:（20+2）×85%=18.7 美元，平台收取的佣金为 3.3 美元。

（2）仿品政策

• Wish 有仿品设置机制，需要得到授权，才可上架，否则第一次会有 1 美元罚款，再次上架会有 100 美元罚款。

• Wish 平台将会扣留所有与仿品有关的应付货款。这是继先前发出的 1 美元罚款通知后，Wish 平台对相应反仿品法律要求负责所发出的第二项通知。

如果产品被认定为仿品，商家可以通过提供其所拥有的正版产品授权销售文件来证明自己为经过授权的经销商。通过验证后，如果有被扣留的货款或罚款等，Wish 平台将会一并放款给商家。

（3）诚信店铺政策

• 店铺进行仿品审核的条件：至少有 10 个产品，并且这 10 个产品都处于上架状 态。新注册的商家，第一批上架审核产品必须无仿品。

• 诚信店铺标准：仿品的比率低于 0.5%。

• 黄钻产品促销时，不可提价。

• 针对商户擅自下架促销产品的行为，若无库存而强行下架的商户，销售额大于 $500，罚金 $50。

• 诚信店铺的产品会获得平台给予的更多流量曝光，并且之后上传的新产品也会得到优先和快速的审核，便于产品的上架销售。

（4）产品促销

Wish 平台可能随时促销某款产品。如果产品的定价、库存或详情不准确，商户将有可能违反以下政策:

• 不得对促销产品提高价格和运费。

• 不得降低促销产品的库存。

• 店铺如若禁售促销产品，将面临罚款。

注意：店铺内有库存的在售产品随时可能被促销。促销中的任何一款产品，不允许修改描述或图片，不允许提高价格或者减少库存，只能进行降低价格和增加库存的数据更改！如果店铺禁售过去 7 天交易总额超过 500 美元的促销产品，店铺将被罚款 50 美元。

（5）物流规则

订单准备期一般 1 ～ 5 天，运输时间一般小于 14 天，具体还需要看后台设置。

• 所有订单必须在 5 天内履行完成。如果一个订单在 5 天内未履行完成，它将被退款并且相关的产品将被下架。

• 如果商户因未及时履行订单而导致退款的订单数量非常高，其账户将被暂停。

• 如果商户的履行率非常低，其账户将被暂停。

履行率是履行订单数量与收到订单数量之比。如果此比率太低，其账户将被暂停。

（6）关于配送国家的选择

• Wish 平台同一账号下的所有产品的销售或者配送国家只能统一设置，不能对单个产品进行设置，有三种可供选择的方式：仅配送至美国（只有美国的 Wish 用户可以在平台看到我们的产品）；全球配送（全球用户）；配送至选定国家（根据公司的情况进行选择）。

• 某一产品具体的销售或配送国家的选定，可以创建多账号上传不同的 SKU，选定不同的配送国家。例如，3100014-US 和 3100014-UK，虽然是同一款产品，但是可以创建 两个账号在美国和英国分别进行销售。

销售和配送的范围越大，产品的曝光量也就越大，就平台前期来讲，这对于新创建的账号下产品流量的增加有很大的帮助。产品选择单个国家配送，就只有选定的国家的 Wish 用户可以浏览该账号下的产品。

建议：只挑选少量的几款产品（在亚马逊上销售量较好的，而且在 8 个国家都在续卖的）在另外账号下进行单独的设定全球配送，然后分析效果如何。

（7）店铺“假期模式”

• 提前 48 小时将店铺调整成“假期模式”。如果因假期无法履行订单，请将店铺调整为“假期模式”。假期模式能确保店铺不会收到新的订单。注意：调整成假期模式之后，请在至少 24 小时内查看并处理可能产生的订单。在店铺调整成假期模式后的 12 个小时内仍有可能产生订单，则请商户务必正常履行这些订单。

• 春节运营准备：需预备库存并确保物流服务。请为在售的热销商品备足库存以迎接假期。暂时下架一些销量低的产品将便于管理店铺。如果无法正常运营店铺，则请提前 48 小时将店铺调整成“假期模式”状态。

4. 知识产权

Wish 对伪造品和侵犯知识产权的行为制定了严格的零容忍政策。如果 Wish

单方面认定商户在销售伪造产品，商户同意不限制 Wish 在本协议中的权利或法律权利，Wish 可以单方面暂停或终止商户的销售权限或扣留或罚没本应支付给商户的款项。

（1）严禁出售伪造产品

严禁销售模仿或影射其他方知识产权的产品。如果商户推出伪造产品进行出售，这些产品将被清除，并且其账户将面临罚款，甚至可能会被暂停。

（2）严禁销售侵犯另一个实体的知识产权的产品

产品图像和文本不得侵犯其他方的知识产权。这包括但不限于版权、商标和专利。如果商户列出侵犯其他方知识产权的产品，这些商品将被清除，并且其账户将面临罚款，甚至可能会被暂停。

（3）商户有责任提供产品的销售授权证据

如果产品是伪造的或侵犯了其他方的知识产权，商户有责任提供销售产品的授权证据。

（4）严禁提供不准确或误导性的销售授权证据

如果商户对销售的产品提供错误或误导性的授权证据，其账户将被暂停。

（5）对伪造品或侵犯知识产权的产品处以罚款

审核所有产品是否属于伪造品，是否侵犯了知识产权。如果发现某款产品违反了 Wish 的政策，则会将其删除并扣留所有付款。将针对每件伪造产品向商户处以 1.00 美元的罚款。

（6）对已审批产品处以伪造品罚款

在商户更改产品名称、产品描述或产品图片后，经过审批的产品也要再次审核，主要审核其是否为伪造品或是否侵犯了知识产权。在产品复审期间，产品正常销售。如果在编辑后发现某款产品违反了 Wish 的政策，商户将被处以 100.00 美元的罚款。此产品将被删除，且所有付款将被扣留。

5. 店铺评价

从 2015 年 8 月 6 日开始，Wish 实施全新的评价体系。

首先是关于新的返利计划。平台每个月都会将产品进行用户服务品质排名，被界定为高品质的产品，应该始终拥有良好的评论、低退货率、高效的配送效率和较少的客户问题。

• 如果产品被认定是高品质产品，则能获得被审核时间段内所有未产生退款的订单金额的 1% 作为返利，再次审核时间将会在被审核时间段的两个月之后。例如：2017.4.10—2017.4.15 的审核时间段内某产品被认定为高品质产品，则该商家可获得在此时间段内所有未产生退款的订单金额的 1% 作为返利，再次审核时间为 2 个月后的 2017.6.10。

• 拥有低评价的产品商户需及时优化或者下架该产品，否则 Wish 将移除该评价极低的产品，而且商户要承担该产品相关的所有退款责任。

6. 退款责任

（1）对于订单发货前进行的退款，商户将不能获得款项

如果订单发货前取消订单或退款，则商户将不能获得付款。

（2）商户退款的所有订单都不符合付款条件

如果商户向某个订单退款，商户将不能获得该笔订单的款项。

（3）对于缺乏有效或准确跟踪信息的订单，商户承担全部退款责任

如果订单的跟踪信息无效、不准确或缺少此类信息，商户必须承担该订单的全部退款成本。

（4）对于经确认属于延迟履行的订单，由商户承担全部退款

如果确认履行日为购买后 10 天以上，商户应对该订单退款负 100% 责任。

（5）对于配送时间过度延迟的订单，商户负责承担 100% 的退款责任

如果商户在收到订单的 X 天（指到达每个目的地的合理配送天数）以后产生退款，且此时订单还未确认妥投，那么商户将 100% 承担退款。各个目的国的妥投天数，可以点击链接 http://merchantsupport.uservoice.com/knowledgebase/articles/488711 查看。

（6）商户负责由于尺寸问题而产生的全部退款成本

如果用户由于尺寸问题而要求退款，由商户承担全部退款成本。

（7）对于商户参与诈骗活动的订单，由商户承担全部退款成本

如果商户实施诈骗活动或规避收入份额，则承担诈骗订单的全部退款成本。

(8)商户负责由于商品送达时损坏而产生的全部退款成本

如果由于商品送达时损坏而产生的退款,商户承担全部退款成本。

(9)商户负责由于商品与商品介绍不符而产生的全部退款成本

如果由于商品与商品介绍不符而产生的退款,商户承担全部退款成本。

(10)如果账户被暂停,由店铺承担全部退款

如果在商户账户暂停期间发生的退款,由商户承担全部退款成本。

(11)对于退款率极高的产品,其在任何情况下产生的退款都将由商户承担全部退款责任

商户的每个极高退货率的产品都将会收到一条违规警告。在该产品的所有订单中,产生的任何退款将由商户承担全部责任。此外,退款会从上次付款中扣除。

退款率是指某个时段内退款订单数与总订单总数之比。低于5%的退款率是可接受的。根据具体的退款率多少,该产品可能会被Wish移除。未被Wish移除的高退款率产品将会被定期重新评估。若该产品保持低退款率,那么商户将不再因此政策而承担该产品的全部退款责任。

(12)对于被判定为仿品的产品,商户将承担100%的退款

Wish平台禁止销售仿冒品。侵犯知识产权的产品将被直接移除,商户也将100%承担相关退款。

(13)商户将因配送至错误地址而承担100%退款责任

如果因商品配送至错误地址而产生的退款,那么该商户将承担100%的退款责任。

(14)商户将为任何不完整订单承担100%退款责任

不完整订单是指商户没有配送正确数量的产品或者没有配送该产品的所有部件。如果因订单配送不完整而产生退款,那么商户将承担100%的退款责任。

(15)对于被退回发货人的包裹,商户将承担所产生的全部退款

如果妥投失败并且物流商将物品退还至商户,商户将承担退款的100%责任。

(16)商户需要对低评价产品承担全部退款

对于每个平均评价极低的产品商户会收到相应的违规通知。商户需对该产品

在未来的和追溯到最后一次付款的所有订单的退款费用负 100% 责任。根据平均评分，该产品可能会被 Wish 移除。未被移除的平均低评价产品将会被定期重新评估。 如果发现产品有一个评价已经不再是不可接受的低，那么根据这一政策商户将不再需要对退款负 100%的责任。

7. 用户服务

（1）如果店铺的退款率特别高，其账户将被暂停

退款率是指某个时段内退款订单数量与收到订单总数之比。如果此比率特别高，店铺将被暂停交易。低于 5% 的退款率是正常的。

（2）如果店铺的退单率非常高，其账户将被暂停

退单率是指某个时段内退单的订单数量与收到订单总数之比。如果此比率特别高，店铺将被暂停交易。低于 0.5% 的退单率是正常的。

（3）严禁滥用用户信息

严禁对 Wish 用户施予辱骂性行为和语言，Wish 对此行为采取零容忍态度。

（4）严禁要求用户绕过 Wish 付款

如果商户要求用户在 Wish 以外的平台付款，其账户将被暂停。

（5）禁止引导用户离开 Wish

如果商户指引用户离开 Wish，其账户将会被暂停。

（6）严禁要求用户提供个人信息

如果商户要求用户提供付款信息、电子邮箱等个人信息，其账户将被暂停。

暂停后账户将发生以下情况:

- 账户访问受限。
- 店铺的产品不允许再上架销售。
- 店铺的付款只保留三个月。
- 因严重违反 Wish 政策，店铺的销售额将被永久扣留。
- 店铺承担任一项退款的 100% 责任。

5.1.3 敦煌网商户平台 DHgate

敦煌网成立于 2004 年，是国内首个为中小企业提供 B2B 网上交易的网站。

它采取佣金制，免注册费，只在买卖双方交易成功后收取费用。据 Paypal 交易平台数据显示，敦煌网是在线外贸交易额中亚太排名第一、全球排名第六的电子商务网站，其在 2011 年的交易达到 100 亿元规模。

目前，敦煌网已拥有 100 多万家国内供应商在线，2500 多万种商品，遍布全球 224 个国家和地区。每小时有 10 万买家实时在线采购，每 3 秒产生一张订单。

1. 注册规则

（1）注册人资质要求

- 注册人年龄须在 18 周岁到 70 周岁之间。
- 只有中国大陆的企业或个人，或香港地区的企业才可在敦煌网注册卖家账户。

（2）卖家关联账户个数合规

企业关联账户不得超过 10 个；个人关联账户不得超过 3 个。

2. 产品发布规则

（1）发布工具

如果卖家已在速卖通或者 eBay 上有店铺的，可以通过 SYI（Sell Your Item 卖掉你的项目）页面，DHgate 提供的“一键达”工具（如图 5-8 所示）进行快速上传产品（如图 5-9 所示）；也可以通过 DHgate 提供的 API 接口（Application Programming Interface，应用程序编程接口）上传产品（如图 5-10 所示）。

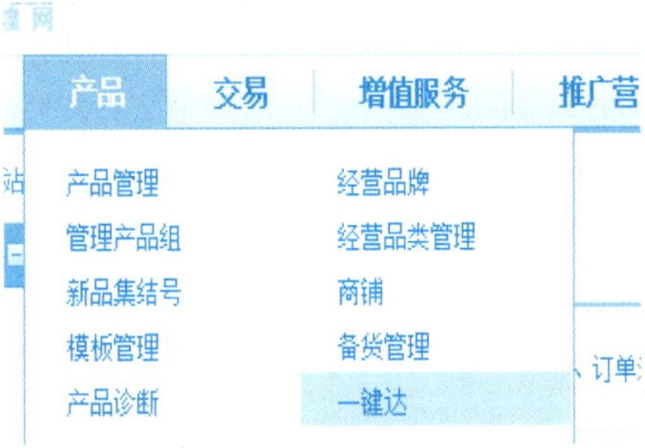

图 5-8 一键达工具

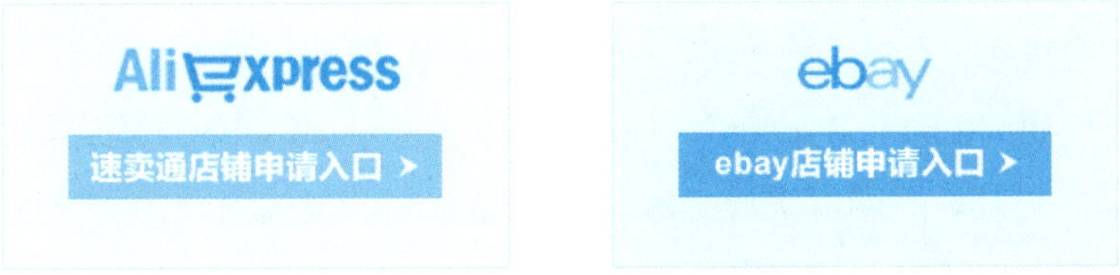

图 5-9 一键达工具直接传产品

图 5-10　上传产品页面

（2）为产品选择一个适合销售的发布类目

产品必须发布在正确的类目中，否则将产品置于不正确的类目中，会影响到其搜索的正确性，因为错误的类目往往会使搜索结果呈现客户不感兴趣的产品。此外，不正确分类的产品，也会影响到符合政策规定产品的浏览率，有损敦煌网的公平性。

（3）避免发布重复产品

如果产品之间没有明显的差异，这些产品将会被判断为重复。为了避免产品被判断为重复，请通过对产品名称、价格、图片、简短描述、详细描述、产品特征等方面来展示产品之间的差异性。

（4）确保产品名称准确

优秀的产品名称应该具备以下元素：

- 准确的产品关键词让买家更精准地搜索到产品。
- 能提供的特色服务，如免运费等。

（5）产品名称和简短描述

- 文字信息应尽量避免缩写。
- 禁止出现店铺信息，如电话、地址及电子邮件地址等。
- 禁止使用“top rated seller”、“top seller”、“trusted seller”等容易引起误导的信息。如果商户是敦煌网的优质卖家，在产品页面会显示商户的卖家评级。
- 避免只是为了吸引访问产品的虚假描述。
- 禁止使用混乱或不清楚的名称或者简短描述。

（6）禁止在产品名称和产品简短描述中堆砌关键词，或使用和发布与产品无关的关键词

• 堆砌关键词是指用与发布的产品毫无关系的词汇或者细节来使自己的产品出现在关键词搜索结果中。堆砌关键词会使搜索结果变得杂乱，同时让购买和销售都变得更困难。

• 产品中的所有单词必须准确描述产品，禁止使用产品的比较词来形容。例如“类似 iPhone 的 cellphone”。

• 如果对产品细节不确定，不要提及它以免产生误导。

堆砌关键词的处罚措施：产品审核不通过，产品下架。

（7）禁止更换产品

更换产品是指卖家通过修改有销售记录的产品，把其修改为与原产品不同的其他产品的行为。更换产品后，原产品的“Transaction History”及“Product Reviews”无法体现新产品的真实情况，对买家有错误的引导。

违规更换产品的处罚措施：产品审核不通过，产品删除，黄牌警告，或期限冻结。

（8）产品图片

① 图片要求。

• 产品描述中可添加 8 张产品图片。

• 文件格式为：jpg。

图片会帮助买家决定是否购买。请提供产品的清晰的、有细节的、真实的图片，以保证买家不会产生误解。

② 产品图片注意事项。

• 未经他人许可，不能抄袭或使用他人的图片或 logo。

• 禁止使用与产品信息不符的图片。

• 禁止使用包含店铺信息，如电话、地址及电子邮件地址等信息的图片。

（9）产品详细描述中应该包含的产品信息

• 产品实物图片，包括整体图片、细节图及使用过程图等。

• 产品的特点、优势等以及产品的详细使用说明。

• 产品的包装信息、是否有配件等。

• 产品付款方式。

- 物流方式。
- 服务承诺等。

产品详细描述需注意以下几个方面。

① 禁止出现不一致的信息。

- 产品存在故意误导倾向，例如不能在产品名称中说一件产品，在产品详细描述中说另外一件完全不同的产品。

处罚措施：产品审核不通过，产品删除，黄牌累计处罚。

- 产品名称、产品图片、产品简短描述、产品属性、产品详细描述、产品价格以及以上信息中出现相矛盾的情况，例如产品名称说产品是新的，描述里面却说是用过的；产品名称描述产品一包是 5 个，但是详细描述里面描述产品一包是 10 个。

处罚措施：产品审核不通过，产品下架。

② 禁止出现任何形式的联系方式，如：邮箱、公司网址、MSN 等。

③ 禁止出现任何形式未经许可的敦煌网以外的链接，若出现则处罚措施为：产品审核不通过，产品删除，黄牌累计处罚。

④ 产品详细描述中使用的产品图片需遵守图片发布规则。

⑤ 避免嵌入 HTML、CSS，禁止使用 JavaScript 代码，以免影响产品正常展示。

⑥ 未经许可，禁止嵌入视频或视频链接。

⑦ 敦煌网规定的其他禁止和限制的内容。

（10）产品属性

- 准确填写产品品牌属性，如填写信息有误，则处罚措施为：产品审核不通过，产品下架。
- 准确填写产品基本属性、自定义属性、购买属性、销售属性。
- 禁止在产品名称中出现产品基本属性信息。若在产品基本属性中未做准确填写，则处罚措施为：产品审核不通过，产品下架。

（11）备货设置

备货设置指卖家发布产品时，添加产品的备货信息，此功能可对产品的备货进行单独和批量设置，同时可根据产品库存情况添加库存总量或根据产品属性分别设定库存量。

卖家需根据产品实际情况如实填写产品备货信息，如备货状态、备货数量、备货所属地等信息。

卖家设置的备货信息可在买家页面显示，买家可按照备货状态及备货所属地搜索产品，增加产品曝光资源。卖家设置备货信息后，仍不按备货期发货导致的成交不卖将从重处罚，可能导致黄牌累计处罚、期限冻结 7 天，诚保卖家扣除相应保障金处罚等，处罚措施参见《订单执行规则》。

（12）如实填写产品包装信息

包装信息包括销售产品计量单位、产品包装后的重量和尺寸。

（13）产品价格

卖家须合理设定产品价格及购买数量区间，禁止卖家设定的价格与产品实际成本偏离过大，通过设定高价或设定低价的方式影响产品的正常排序，影响买家购物体验。

违反产品价格规则处罚措施：产品删除、警告、黄牌、权限限制或期限冻结等处罚。

（14）合理设定运费模板

卖家必须按照买家选择物流方式发货。

3. 促销活动规则（见表 5-8）

（1）设置和展示规则

① 只支持创建本月以及下月的活动。

② 在活动“待展示”后不能编辑，不能添加产品，所以商户们在活动开始前要确认好活动信息和产品信息。

③ 活动进入“待展示”状态，将无法停止，仅允许在“未开始”状态时可以进行编辑和停止，因此要慎重创建店铺活动。

④ 添加到活动中的产品会被锁定，无法编辑产品信息，只能设置备货信息或者下架。

⑤ 被锁定的产品在以下情况下解除锁定：活动结束或停止、产品下架、产品从活动里删除。

（2）使用条件

- 有在线产品的商户都可以使用店铺自主促销功能。
- 商户在促销活动中，应该遵守国家法律、法规、政策及敦煌网规则，不得发生涉嫌损害消费者和敦煌网的正当权益，及涉嫌违反国家法律法规的行为。

表5-8 促销活动规则

活动类型	权限要求	设置规则			展示规划
		设置要求	创建时限	锁定时限	
全店铺打折	有产品	每月可设置活动数：20个，总时长：720小时	在活动开始前24小时；支持跨月设置活动	活动开始前12小时将进入“待展示”状态，从该阶段至活动结束都不能编辑活动信息，不能停止活动，只能进行产品下架操作；“未开始”状态，可停止活动	1. 同一时间段内只能设置一个全店铺打折活动 2. 由于全店铺打折活动的优先级最低，所以设置了全店铺打折活动的产品可以报名平台活动或限时限量活动 3. 如果同时报名平台活动（或限时限量）和全店铺打折，则只展示平台活动（或限时限量）；平台活动结束后，如果全店铺打折时间还在继续，该产品会继续展示全店铺打折的折扣
全店铺满立减	有产品	每月活动总数量3个，活动总时长720小时	在活动开始前48小时；支持跨月设置活动	活动开始前24小时将进入“待展示”状态，不可继续编辑活动信息，可进行产品信息的编辑修改以及下架等操作；“未开始”状态，可停止活动	全店铺满减活动可以和所有折扣/直降活动叠加使用
限时限量（打折/直降）促销	有产品	每月可设置活动数：40个；总时长：1920小时； 每个活动可设置产品数40个； 促销折扣（直降）后价格需小于或等于90天均价	在活动开始前12小时；支持跨月设置活动	活动开始前6小时将进入“等待展示”状态，从该阶段至活动结束不可编辑活动信息，只允许进行产品下架操作；“未开始”状态，可停止活动	1. 同一时间段内针对一个产品只能设置一个限时限量促销活动 2. 由于限时限量促销活动的优先级等同于平台活动，所以正在参加限时限量促销活动的产品不能报名平台活动 3. 如果同时报名限时限量促销和全店铺打折，则只展示限时限量促销

（3）处罚政策

屡次恶意抬价后再促销的商户会被限制使用：在一段的时间内不允许进行店铺活动的创建、编辑等操作。

4. 商户评级规则

（1）商户等级

平台以大量精准数据为依托，通过精确、多维度细致的分析与计算，每个月都会对商户的整体经营情况、服务能力等作综合分析，并根据商户逐个月累积的经营数据于每月 5 日刷新、评定。

根据商户在平台的表现，共分为四类，如表 5-9 所示。

（2）等级的相关标准解释及计算公式

- 订单数：90 天内实际销售的订单个数。
- 交易额：90 天内实际销售订单所产生的交易额。
- 商户责任纠纷率：其计算公式为

$$\text{商户责任纠纷率}=\frac{\text{近90天内平台进行裁决且最终判定为商户责任的所有纠纷订单数}}{\text{商户账户确认订单数}}$$

注：新卖家前三单不计入纠纷率。

- 实名身份认证：通过平台身份认证，共分 4 类，即个人、个体工商户、大陆企业、香港企业。

表5-9 商户评级

顶级商户	优秀商户	标准商户	低于标准商户
① 90 天内订单数≥ 90 或 90 天内交易额≥ \$50000 ②注册时间≥ 90 天 ③通过实名身份认证 ④ 90 天内商户责任纠纷率≤ 1% ⑤ bad purchase experience rate ≤ 3%	① 90 天内订单数≥ 20 或 90 天内交易额≥ \$1500 ②注册时间≥ 90 天 ③通过实名身份认证 ④ 90 天内商户责任纠纷率≤ 1.5% ⑤ bad purchase experience rate <6%	第一类：90 天内订单数 >0；且 90 天内商户责任纠纷率≤ 2.5%；且 bad purchase experience rate ≤ 20%	满足以下任意指标： ① 90 天内商户责任纠纷率>2.5%； ② bad purchase experience rate >20%

备注：

1. 每个考核周期订单个数 <20 单，不能参评优秀商户和顶级商户。评级更新时间由原来的每月 1 日调整为每月 5 日更新。

2. 不良购买体验订单率（Bad Purchase Experience Rate，BPER）。对于新卖家，即在敦煌网新注册的商户，级别为标准商户，新注册商户经过一段时间的经营后，平台将根据新评级体系的评级指标对其进行考核，并对其商户级别进行评定。如不满足以上各级别评级条件将自动降级。

- 不良购买体验订单率（BPER）：其计算公式为

$$\text{不良购买体验订单率}=\frac{\text{近90天内买家不良购买体验订单数}}{\text{近90天内所有确认订单}}$$

同一个订单出现多个行为，只算一次。

5. 放款规则

(1) 有货运跟踪号

① 买家主动确认签收

买家确认签收的订单，敦煌网会核实订单的货运信息，如果订单查询妥投，且妥投信息与订单信息一致，将订单款项放款至卖家虚拟账户，订单完成。

② 买家未主动确认签收，卖家请款

买家未主动确认签收的订单，卖家请款后，敦煌网会先根据卖家上传的运单号核实妥投情况并相应处理。

③ 买家未主动确认签收，卖家在订单确认收款后的 90 天内也未请款

卖家完全发货后，若买家一直未确认签收，并且卖家在订单确认收款后 90 天内也未请款，平台将在完全发货 120 天后将该订单款项放款至卖家虚拟账户，订单完成。

(2) 无货运跟踪号

无货运跟踪号的订单［目前敦煌网支持的货运方式包含 China Post Air (Non-Tracking)、China Post SAL (Non-Tracking)、HK post(Non-Tracking)、Singapore post(Non-Tracking)、post link(Non-Tracking) 等，详情请查看敦煌网支持哪些物流］，卖家发货后，不需要请款，无论买家是否确认签收，系统都会自动在卖家填写最后一个货运单号 120 天后，将该订单款项放款至卖家虚拟账户，订单完成。

(3) 异常账户及交易放款规则

卖家账户及交易符合以下条件时，账户放款将可能被延迟或暂停。

① 订单当前有黄条。当前有黄条的订单，放款将被延迟；黄条去除后，放款流程继续。

② 当卖家当前账户纠纷率过高时，卖家账户放款将被延迟。

③ 当卖家账户及交易表现异常时，敦煌网可能人工介入对卖家账户或交易进行必要调查，根据其异常程度，卖家账户或订单放款将可能被延迟或无固定期限暂停。卖家账户放款被无固定期限暂停时，卖家账户及其关联账户将被无固定期限冻结，并不允许再在敦煌网注册新账户。

6. 知识产权规则

(1) 侵犯知识产权违规类型

未经过知识产权权利人许可使用与其知识产权相同或相似的行为均构成侵权，

主要包括：

① 商标侵权。如在同类产品或产品展示页面中带有品牌词、品牌系列词（产品线）、部分词、变形词、已注册 logo，侵犯权利人的商标权。

② 专利侵权。如产品的外观设计或使用技术侵犯权利人已注册的外观专利、实用新型专利、发明专利。

③ 版权侵权。如产品侵犯品牌款式、品牌的官网图片、模特肖像权、盗用别人的图片。

④ 其他侵权行为。

- 产品为了获得更多曝光使用与产品无关的品牌词（包括产品线词、部分词等）。
- 产品的图片、描述中带有表示产品为品牌产品的描述。
- 产品在展示时未完全展示，对产品进行遮挡、涂抹等。
- 其他可能对买家产生误导作用的侵权行为。

注：侵权行为举例可查看 http://seller.dhgate.com/policy/11030502/p2141/t1.html#policy_php-policytablist-1。

（2）侵犯知识产权行为处理办法

敦煌网会对线上已通过审核的产品进行不定期抽查，除此之外，知识产权所有人、国家机关及国际组织一旦发现网站上有侵犯他人知识产权的信息也会向平台进行反馈，如果产品侵权仍可导致下架。知识产权投诉人处理办法如表 5-10 所列。

表5-10　知识产权投诉人处理办法

投诉类型	违规次数	处罚类型
自投诉之日起，一年内同一品牌商的同一知识产权投诉	累计投诉 1 次	警告
	累计投诉 2 次	黄牌警告
	累计投诉 3 次	期限冻结 7 天
	累计投诉 4 次	期限冻结 30 天
	累计投诉 5 次	期限冻结 90 天
	累计投诉 6 次	关闭账户

7. 纠纷的投诉类型及判定原则

纠纷按照买家投诉将原因分为“未收到货”、“货物与描述不符”和“其他原因”。

无论是协议纠纷，平台升级纠纷，还是售后纠纷，均遵循如下的判定处理原则。

（1）未收到货

买家可以在卖家发货以后的 4 ～ 120 天内发起未收到货的投诉。买家没有收到货物可能存在虚假运单号、货物在途等原因。

① 虚假运单号：当调解中心介入后，卖家仍未提供有效运单号的，视为卖家全责，调解中心执行全额退款；或卖家录入的货运单号有可显示的跟踪信息，但与该订单无关，也视为卖家全责，调解中心执行全额退款。

② 货物在途：官方货运网站上显示货物仍在去往买家指定的收货地址途中，货物介于“收寄”和“妥投”之间的情形。调解中心介入后，如卖家未提供有效的妥投证明，货运状态在货运官网上，已经超过 10 天未有任何更新，不论金额大小，视为卖家全责，调解中心执行全额退款。

③ 货物妥投：货物返回并妥投到发件地，或者在返回发件地途中，货运在途状态长期停滞。

调解中心介入时，如货运状态在货运官网上，已经超过 10 天未有任何更新，视为卖家全责，执行全额退款。

④ 买家拒签：如买家投诉卖家发货延迟（以卖家承诺给买家的发货日期或者发货截止日期为准），并以此拒签了包裹，视为卖家全责，调解中心为买家全额退款。

⑤ 无货运单号：对于无货运单号的小包发货方式，无法确认卖家是否发货，以买家的收货反馈为处理依据。在调解中心介入后的 15 天内，如买家反馈仍没有收到货物，调解中心裁决给买家全额退款。

⑥ 邮政小包：因邮政小包发货方式无法在官网上查询到详细的货运信息或者货运信息显示不全，且货运周期较长，卖家承担此运输方式下的货运责任和风险。

⑦ 延迟发货：如卖家填写实际有效货运信息（包括但不限于在其他地方告知有效货运单号）晚于备货截止日，买家因此提起的纠纷，平台将视为卖家责任并根据订单情况执行部分退款或退货退款。详细内容可参考《敦煌网纠纷处理政策》。

（2）货物与描述不符

买家实际收到的产品与卖家的广告图片或者描述内容不符，例如大小、尺寸、颜色、外观、款式、型号和材质不符，且能直观从肉眼做出判断。

① 描述不符：在买家提供有效证明的情况下，被判定为严重与描述不符的，调解中心将执行全额退款或者高额部分退款，买家无须退货。判定为一般不符的，如买家同意部分退款，调解中心将执行相应的部分退款。如买家选择退货退款，由卖家承

担退货运费和风险，调解中心将配合跟进，详细内容参考《敦煌网纠纷处理政策》。

② 数量不符：调解中心将按照买卖双方提供的货运底单证明或者称重证明调查纠纷，并根据证明做出裁决。

③ 质量问题：如买家能提供符合投诉内容的相关证据（图片，视频），且能够被调解中心确认，均为卖家责任的投诉。如买家要求退货退款，由卖家承担退货运费和风险。同时，对于货物有严重质量问题，影响买家使用的情况，调解中心将直接判定卖家全责，执行全额退款，买家无须退货。

④ 假货：珠宝类，如卖家产品描述中有 diamond, gold, silver 的字眼，但卖家无法提供与描述相匹配的产品（以买家提供的图片证据为依据），视为卖家责任，调解中心介入后裁决全额退款。

⑤ 知识产权侵权类：对于知识产权侵权类的投诉，如卖家无法提供品牌持有人的品牌授权证明，调解中心介入后，裁定卖家全责，执行全额退款。

⑥ 虚拟产品：对于无实物交易产品的投诉，一旦调解中心介入，将执行全额退款。

⑦ 货运方式不符：卖家未按照买家所指定的货运方式执行订单，且买家就此问题升级纠纷，视为卖家责任。调解中心介入后会根据订单实际的货运方式所产生的运费和买家指定并已经支付了的运费额度，裁决卖家对买家进行相应的补偿。

（3）其他原因

买家无具体投诉原因要求退货的订单，如买家以“我不喜欢了”、“我不想要了”等原因要求退货，调解中心视纠纷真实情况做出退货或者退款裁决。其他原因的退货适用于无理由退货，如卖家在产品描述中有此项服务的承诺，卖家须严格履行，详细内容参考《敦煌网纠纷处理政策》。

卖家成功处理纠纷需注意的细节：

1. 积极并及时回应买家。只要买家提出问题，卖家总是在第一时间回复。这样能让客人感受到卖家是在真心帮他解决问题。

2. 清楚了解问题所在。请买家针对问题提供相应的证据。

3. 提供有效的解决方案。根据买家提供的证据，若卖家承认了投诉的事实，可以给买家重新补发货物的建议。同时，可以提出希望能发送一个小礼品给买家来表达自己的歉意。

5.2 跨境电子商务常见纠纷及解决策略 Common Disputes and Solutions of Cross-Border E-Commerce

虽然各个平台的具体规则有所不同，但是各平台的常见纠纷、纠纷处理流程以及相应的解决策略是可以通用的。本节将以敦煌网为例阐述常见纠纷及纠纷的处理流程。目前常见的纠纷主要有未收到货或者收到货后，货物与描述不符。卖家首先应根据协议纠纷流程进行处理。若问题不能解决，则根据升级纠纷处理流程处理。跨境电子商务常见纠纷及解决策略如图 5-9 所示。

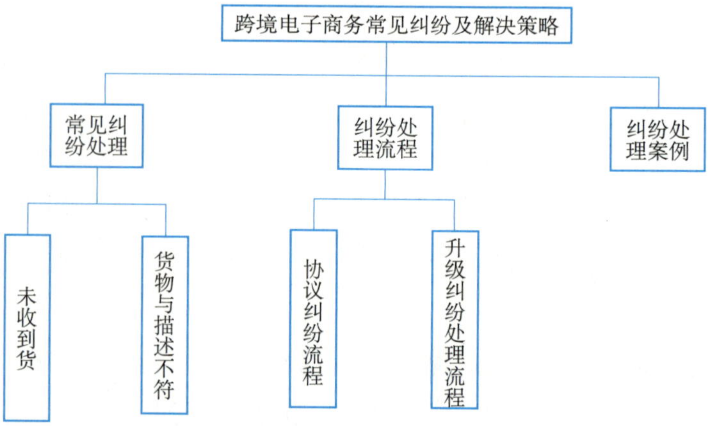

图 5-9　跨境电子商务常见纠纷及解决策略

5.2.1　常见纠纷处理 Dealing with Common Disputes

买家开启纠纷，主要有两大原因：未收到货、货物与描述不符，针对这两种纠纷原因，处理建议如下。

1. 未收到货

未收到货的原因主要有卖家未发货、延迟发货、货物在途、包裹被退回以及扣关等几种情况。针对这几种情况的具体处理办法如图 5-10 所示。

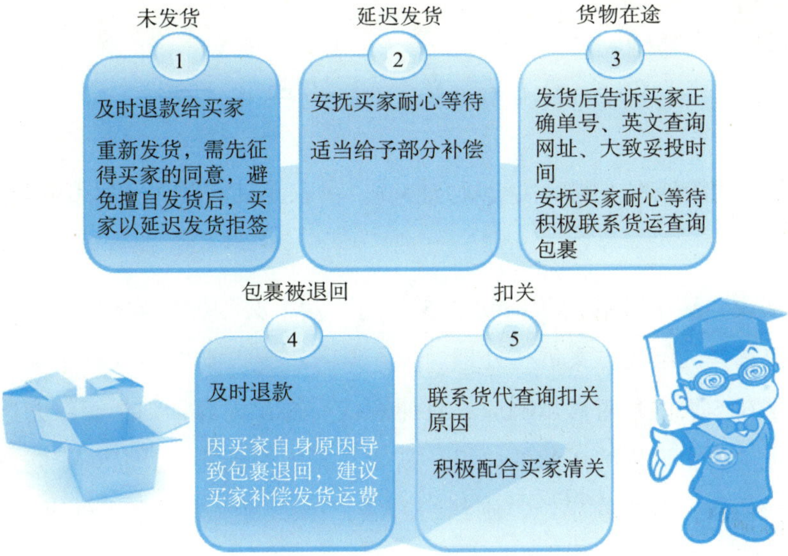

图 5-10　未收到货纠纷处理

2. 货物与描述不符

货物与描述不符则主要表现为货不对版或产品质量有问题。针对这两种情况，可以参照图 5-11 所示的处理办法进行解决。

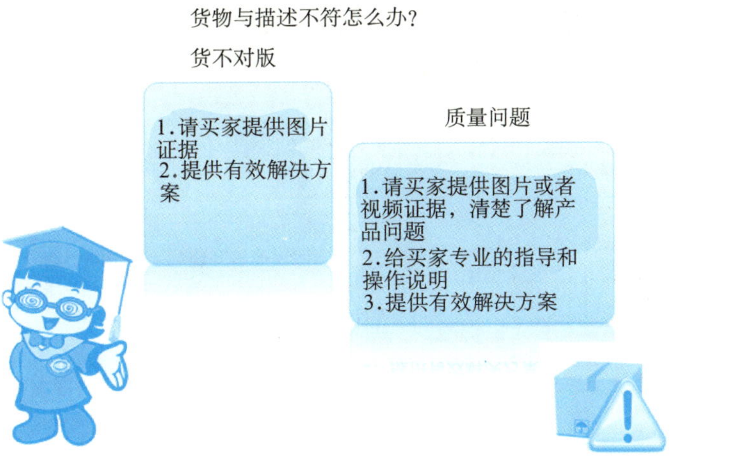

图 5-11　货物与描述不符纠纷处理

5.2.2 纠纷处理流程 the Process of Dispute Settlement

1. 协议纠纷流程（侧重买卖双方协商，卖家尤其需要注意尽可能与买家达成协议）

一般来说，买家开启协议纠纷的5天内，卖家必须做出响应，否则系统会自动执行买家选择的解决方案进行处理。

若卖家在5天内及时做出响应，且愿意接受协议内容，则买卖双方达成协议，由系统执行。若卖家拒绝买家的协议，需要重新提交新协议。若买家同意新协议，则系统执行协议；若买家拒绝，则纠纷升级，需要调解中心介入处理。具体纠纷处理流程如图5-12所示。

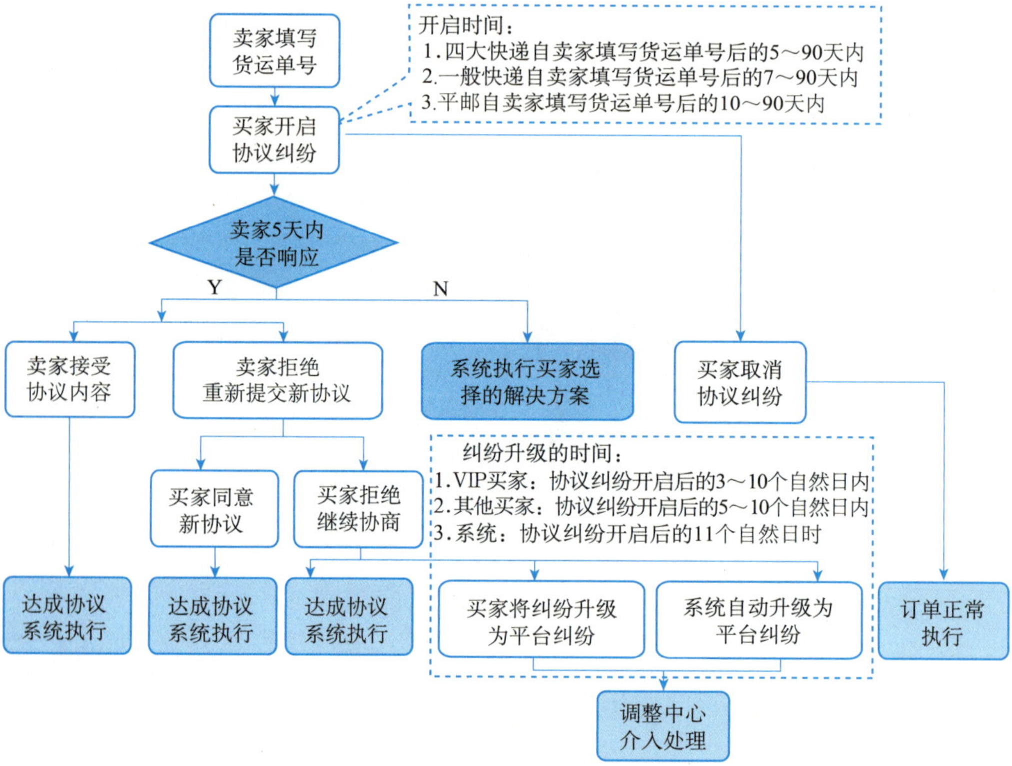

图5-12 协议纠纷流程

2. 升级纠纷处理流程（侧重证据有效性，卖家尤其需要注意提交证据的截点和有效性）

当纠纷升级时，针对买家未收到货的情况，卖家需要在 3 个自然日内在系统中提供有效底单，否则系统自动执行买家协议。如果卖家及时提交底单，敦煌网平台在审核后，调解中心会参照为收到货政策进行全额 / 部分退款或者放款。

针对货物描述不符的情况，买家需要在 3 个自然日内提供有效证据，由敦煌网平台审核证据并判定责任方做出裁决，决定全额 / 部分退款、放款或者退货退款。之后卖家需在 5 个自然日内在系统中填写退货地址，否则系统会自动退款给买家。在卖家填写完退货地址后，买家需在 7 个自然内日在系统中填写退货单号，否则系统会自动放款给卖家。具体处理流程如图 5-13 所示。

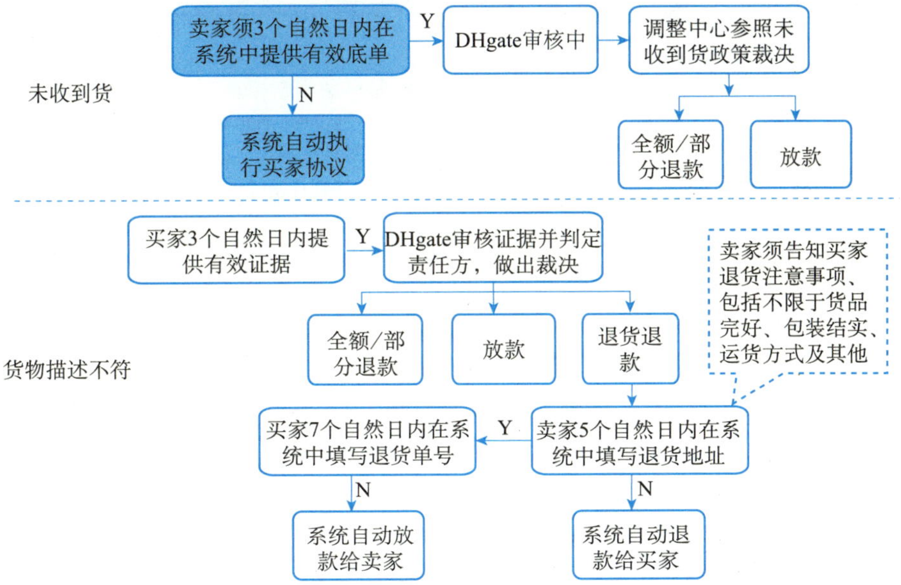

图 5-13　升级纠纷处理流程

3. 纠纷各阶段卖家的处理

纠纷一般会经历 3 个阶段：协议阶段、纠纷开启阶段以及裁决执行阶段。无论处于哪个阶段，卖家都必须配合系统和买家进行及时响应、积极协商，确保纠纷能够妥善解决，能够让客户满意。

具体纠纷各阶段卖家的处理过程如图 5-14 所示。

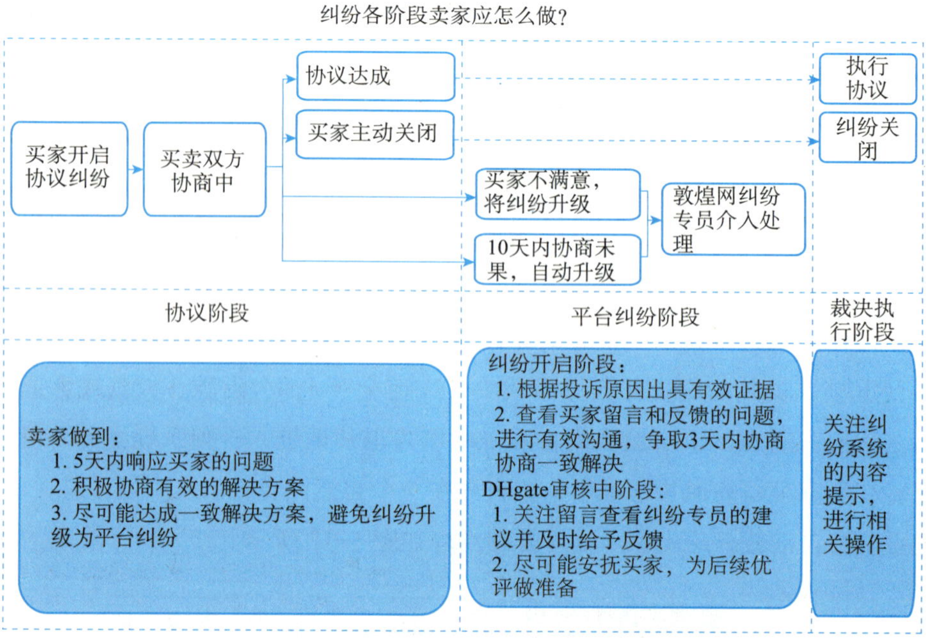

图 5-14　纠纷各阶段卖家的处理

5.2.3　纠纷处理案例 Case of Dispute Settlement

本节以一个实际案例来阐述纠纷处理过程。该纠纷处理的产品为电子烟雾化器。

下面根据时间的前后阐述纠纷处理的过程：

（1）2015 年 2 月 5 日，买家下单订了 20pcs 电子烟，如图 5-15 所示。

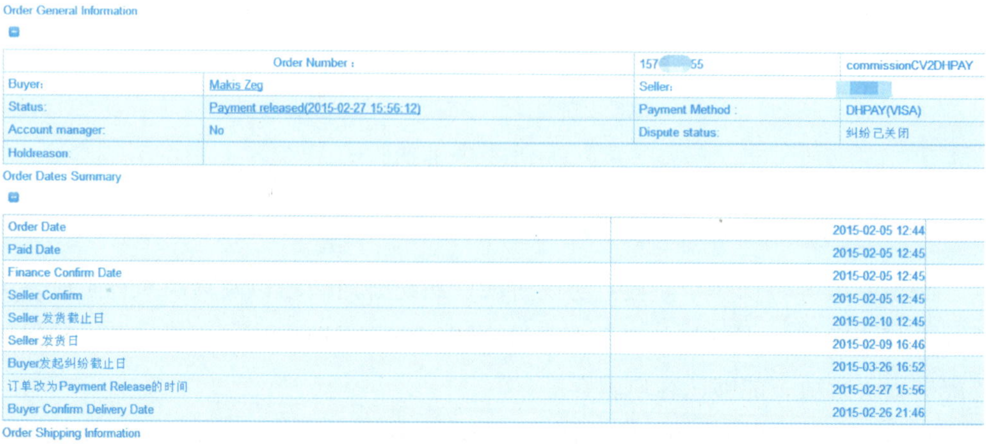

Order General Information

Order Number :		157 55	commissionCV2DHPAY
Buyer:	Makis Zeg	Seller:	
Status:	Payment released(2015-02-27 15:56:12)	Payment Method :	DHPAY(VISA)
Account manager:	No	Dispute status:	纠纷已关闭
Holdreason:			

Order Dates Summary

Order Date	2015-02-05 12:44
Paid Date	2015-02-05 12:45
Finance Confirm Date	2015-02-05 12:45
Seller Confirm	2015-02-05 12:45
Seller 发货截止日	2015-02-10 12:45
Seller 发货日	2015-02-09 16:46
Buyer发起纠纷截止日	2015-03-26 16:52
订单改为Payment Release的时间	2015-02-27 15:56
Buyer Confirm Delivery Date	2015-02-26 21:46

Order Shipping Information

图 5-15　买家下单

（2）2015 年 2 月 9 日，卖家填写发货单号并告知买家发货方式，预计妥投时间，如图 5-16 所示。

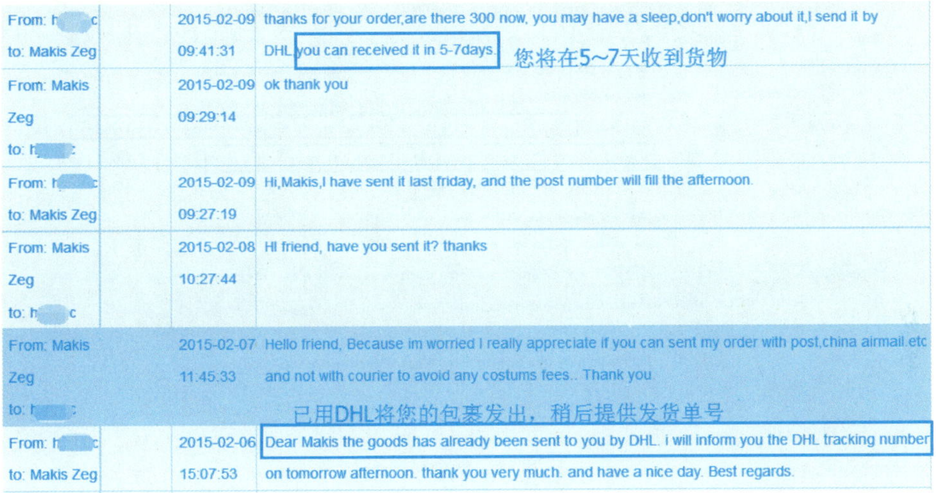

图 5-16　卖家发货

（3）2015 年 2 月 13 日，买家告知收到货物并告知 2pcs 电子烟线圈有破损，接着测试了 3pcs 也有问题，最终确定了 7pcs 有问题，如图 5-17 所示。

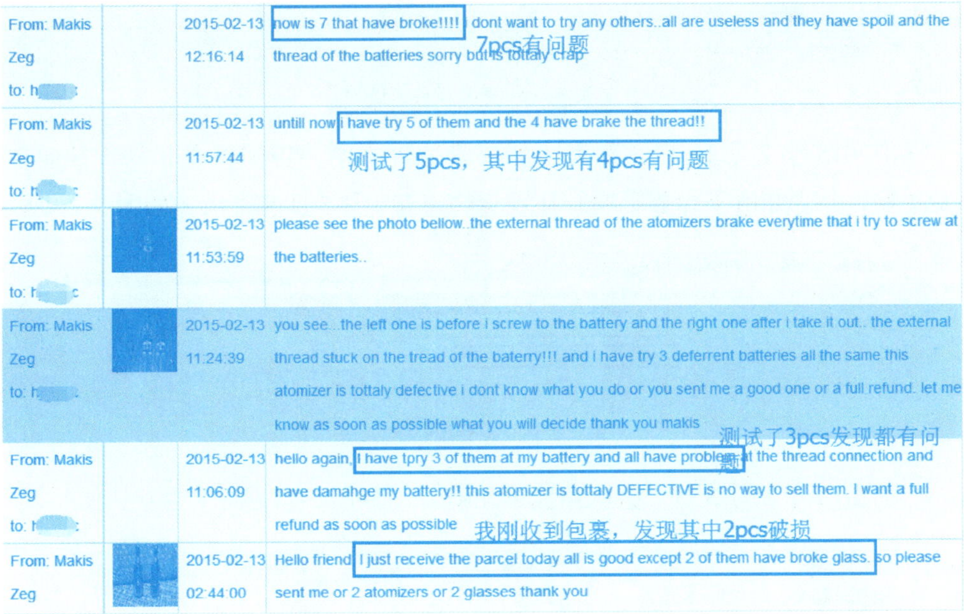

图 5-17　买家反馈问题

（4）2015 年 2 月 14 日，卖家针对买家反馈的问题及时回复，安抚买家情绪并请买家提供视频证据，如图 5-18 所示。

From: Makis Zeg to: [illegible]		2015-02-14 20:33:07	Yes it can damage the battery...The thread of your atomizer is loose and when i screw it to the battery stuck inside of the thread of the battery and cant go out..i use many many efford to get it out..i will sent you photo and video if you want I am 37 years old and i know how to use an electronic cig..i am seller you know!!!!!
From: [illegible] to: Makis Zeg		2015-02-14 16:18:55	hi Mr.Makis about the atomizers first of all if the atomizer is damaged cannot effect the battery !! Second please take a pictures of all the 7 damaged atomizers in one photo . Third the photos that u sent to us is [illegible] we aren't responsible about the customer usage ! our products are well produced . we aren't responsible about how the customer use the product . thanks and waiting for your reply . [雾化器破损但是不会影响到电池] [请将7pcs破损的雾化器放在一起拍照]
From: Makis Zeg to: [illegible]		2015-02-13 12:16:14	now is 7 that have broke!!!! i dont want to try any others..all are useless and they have spoil and the thread of the batteries sorry but is tottaly crap
From: Makis Zeg to: [illegible]		2015-02-13 11:57:44	untill now i have try 5 of them and the 4 have brake the thread!!

图 5-18　卖家的回复

（5）2015 年 2 月 15 日，买家提供视频证据，如图 5-19 所示。

From: Makis Zeg to: [illegible]		2015-02-15 00:38:53	i have upload 2 video for you. want to believe that you will understand the problem and to solve the isue so to have deal and in the future sir. https://www.youtube.com/watch?v=jqj4XvPYZJg https://www.youtube.com/watch?v=n2hmbcaWxiM
From: Makis Zeg to: [illegible]		2015-02-14 23:30:37	the video will upload soon i will sent you the link here is a photo with 9 faulty thread untill now.

图 5-19　买家提供证据

（6）2015 年 2 月 15 日，卖家回复买家处理方案，告知将在 3 月 5 日前重新补发货物，并告知由于春节影响，补发货物将在 3 月 5 日前寄出，如图 5-20 所示。

来往关系	附件	创建时间	正文
From: [illegible] to: Makis Zeg		2015-02-15 19:32:32	Thanks for your clearly Video ! we promise and guarantee we will send you a good quality before the 5th of March because we are in holiday now , and we are extremely sorry for that mistake . So we will send you another gift as an apology ! please check your Google+ page , I've wrote down all the details in a comment . thanks and waiting for your reply . [因为春节休假原因，我们保证在3.5日前将替换品发出] [非常抱歉我们将发送一个小礼品给您]

图 5-20　卖家补发货物

（7）2015 年 3 月 8 日，买家给卖家留好评，如图 5-21 所示。

订单号	买家	类型	评价	评价内容	时间
[illegible]	[illegible]	[illegible]	[illegible]		[illegible]
157[illegible]55(dh)	Makis Zeg(dh)	卖家收到	好评		2015-03-08
共2条记录 每页显示 20条 分 1 页显示 |					

图 5-21　买家好评

Skill Practice

假设你在 Wish 平台卖出了一件女士 T-shirt，客户对此提起纠纷：

1. 如果客户在预计时间内未收到货物，该如何处理？
2. 如果客户对产品的质量不满意，该如何处理？
3. 如果客户对交易严重不满，该如何处理？
4. 如果客户要求退货，该如何处理？

第6章

跨境电子商务客服策略

Customer Service Skills for Cross-Border E-Commerce

学习目标

- 了解客户识别的内涵及意义。
- 掌握客户分类及相应的策略。
- 掌握跨境电子商务售后服务技巧。

技能目标

- 能够管理优质客户。
- 能够针对不同的客户运用不同的策略。
- 能够妥善处理客户的售后纠纷。

跨境电子商务客服人员不仅需要及时解答客户的需求，提供相应的服务，在客户服务的过程中还应该掌握相关技巧，以最小的成本获取最大的利润。

Lead-in

If you are an online seller and have many customers,

1. Will you treat all your customers in the same way?
2. How to find your most valuable customers?
3. What you should do if you receive your customer's complaint?

6.1 识别客户Identifying Customers

随着跨境电子商务的迅速发展，跨境电子商务企业的竞争也日趋激烈。任何企业要想在激烈的市场竞争中求得生存和发展，就要设法吸引消费者，使其成为自己的客户。一切以客户为中心，企业的一切活动都应以满足和引导客户的需求为出发点。

但是，企业应当在众多购买人群中选择属于自己的客户，而不应当以服务当下客户为己任，不能把所有的购买者都视为自己的目标客户。有所舍，才能够有所得，盲目求多求大，结果可能是失去所有的购买者。因此，识别客户将成为客户服务策略中的重要一环。

6.1.1　客户识别的内涵和意义 the Connotation and Significance of Customer Identification

1. 识别客户的内涵

客户识别就是通过一系列技术手段，根据大量客户的特征、购买记录等可得数据，找出谁是企业的潜在客户、客户的需求是什么、哪类客户最有价值等，并把这些客户作为企业客户关系管理的实施对象，从而为企业成功实施客户关系管理提供保障。

2. 识别客户的意义

对《财富》杂志排名前1000位公司的200位经理调查后得出结论，企业增长率与清楚地识别客户有明显的联系如表6-1所列。该表反映了高增长率的企业比低增长率的企业更加懂得客户识别的重要性，并运用技巧来强化核心客户为企业创造更多价值。

表6-1　企业增长与客户识别的联系

指标属性	高增长率公司	低增长率公司
极清楚哪些客户最有价值 /%	38	22
前 10 位客户中所得年收入 /%	46	32
强化客户识别的表现指数（1 ～ 10）	7.0	5.7

（1）识别客户对客户保持的影响

客户识别对企业客户关系管理实施的重要意义，主要体现在对企业的客户保持和客户获取的指导上。客户保持是企业实施客户关系管理的主要目标之一，它对企业的利润有重要影响。美国营销学者弗里德里希·赖克赫尔德（Frederick F. Reichheld）和厄尔·赛斯（Earl W. Sasser）对美国 9 个行业的调查数据表明，客户保持率增加 5%，行业平均利润增加幅度在 25% ～ 85%。客户保持对公司利润的影响之所以如此之大，是因为保持现有客户比获取新客户的成本低得多，一般可节约 4 ～ 6 倍。但是客户保持也是需要成本的，在现有的客户群体中，并不是所有的客户都会同企业建立并发展长期合作关系。如果不加区别地开展而对所有客户都进行保持努力，势必会造成客户保持成本的浪费。如果事先通过客户识别方法，识别出具有较大概率同企业保持客户关系的客户，并有区别地开展客户保持努力，就会起到事半功倍的效果，大大节省企业的客户保持成本。

（2）识别客户对新客户获取的影响

尽管客户关系管理把重点放在客户保持上，但由于客户关系的发展是一个动态的过程，企业还是需要获取新客户的。新客户的获取成本大大高于老客户的保持成本，其主要原因就是在新客户的开发过程中，客户的反馈率太低，导致获取每个客户的平均成本居高不下。如果能够有效识别最有可能成为企业客户的潜在客户，并有针对性地开展新客户的获取努力，势必能够大大节省企业的新客户获取成本，其节省幅度比在客户保持中使用客户识别时的节省幅度还要大。这样就可以杜绝新客户开发中无谓的投入，用尽可能少的客户获取成本获取尽可能多的客户。通过客户识别可以有效降低企业客户关系管理的实施成本，为企业创造竞争优势。

6.1.2　挖掘并识别有价值的客户 Search and Identify Valuable Customers

1. 挖掘潜在客户

目前，跨境电子商务企业主要是通过网络寻找法来挖掘潜在客户的。客服人员可以登录一些企业发布供求信息的网站，寻找相关有需求的客户。同时也可以把自己的产品信息贴到网上，也能吸引一些客户。

其实施方法如表 6-2 所列。

表6-2　网络寻找法的实施步骤

阶段	名称	主要内容
1	登录专业网站查找 / 发布信息	根据自己的经营范围登录专业网站，浏览国内外的需求信息，并与这些有需求的客户联系，还可以在网上发布供应信息，吸引客户，进而积累客户资源
2	登录专门的商务网站寻找客户	登录专门的电子商务交易网站，如阿里巴巴商务通、贸易通，去寻找客户并与之及时沟通，从而挖掘和开发客户；也可以在这些网上发布产品供应信息
3	通过网络公共空间发布信息	通过多种网络交流渠道，例如，可以进入聊天室，以及一些专业BBS、论坛、博客，广交海内外的朋友，从中寻找客户，或者请结交的朋友帮忙介绍客户
4	自身网站宣传	企业在自己的公司网站上，设计产品宣传页，吸引潜在的客户来与自己联系

2. 识别有价值的客户

美国人威廉•谢登的 80/20/30 法则认为：在顶部的 20% 的客户创造了企业 80% 的利润，但其中一半的利润被底部的 30% 非赢利客户消耗掉了。也就是说，一些优质客户给企业带来的超额价值，通常被许多“坏”客户给扼杀了。可见，客户数量已经不再是衡量企业获利能力的最佳指标，客户质量已经在一定程度上否定了客户数量，客户质量在很大程度上决定着企业盈利的大小。因此，企业要保持的是有价值的客户，而无须与所有的客户建立关系。

识别有价值的客户要求企业对于不同客户要区别对待，企业不但要区分商业客户与个人客户，还要针对不同的客户级别采取不同的管理措施，如图 6-1 所示。

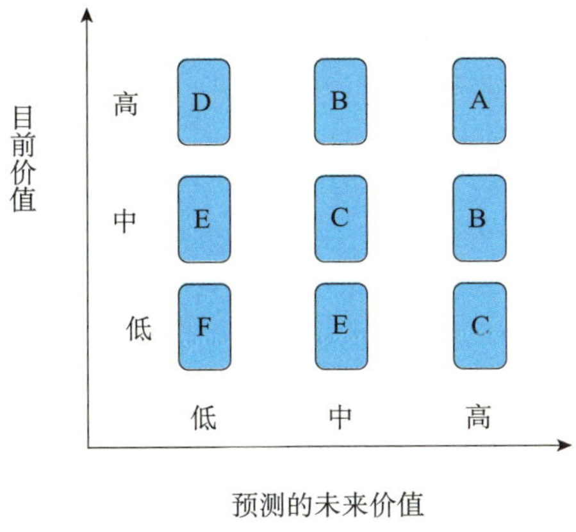

图 6-1　根据客户的目前价值和未来价值进行分类

（1）A 类客户：企业首要的客户，也是企业应当尽最大努力要留住的客户。

（2）B 类客户：具有相当潜力的客户，对这类客户的维护，企业应有相当的投资保障。

（3）C 类客户：企业的核心客户，企业应逐步加大对这类客户的投资。

（4）D 类客户：企业没能争取到的客户，由于一些不可控因素的影响，客户的生命周期即将结束，企业应尽量减少对这类客户的投资。

（5）E 类客户：企业的低级客户，企业应当缩小对其投资的力度。

（6）F 类客户：无吸引力的客户，企业应当考虑撤资，终止为这些客户提供服务。

总之，不同层级客户对服务质量的反应不尽相同。A 类客户对企业市场战略具有重大影响，给公司带来最大赢利。对其进行客户关系管理的目标就是留着这些客户，保持一种长期稳定的战略关系。B、C 类客户是企业的主要赢利客户，能够给企业带来可观利润并且有可能成为公司最大利润来源的客户。对这类客户实施客户关系管理的目的就是提高他们在公司购买产品或接受服务的份额。D、E 类客户是对企业价值贡献不大的为数众多的客户。企业须加以维持，但不需要进行特别的关照。F 类客户是可能让企业蒙受损失的客户。他们过多地占用企业资源却不能给企业带来利润，企业必须学会放弃。剔除这部分客户可以大大降低企业客服人员的管理工作量。

6.1.3 优质客户管理策略 Strategy for Quality Customer Management

通过买家交易数据的整理，可以识别出那些有潜力持续交易的买家和有机会做大单的客户。对优质客户必须进行有效的管理，更有针对性地维系并推荐优质产品，从而使这些老客户持续稳定的下单。

1. 客户信息管理

卖家可以通过 Excel 对客户订单进行归类整理。根据每个客户的购买金额、采购周期长短、评价情况、买家国家等维度来寻找重点客户。通过对客户进行分类管理，既抓住了重点客户，也减少了维系客户的成本。有一些成功的卖家会在与客户联系的过程中，主动了解客户的背景、喜好和购买的产品线。从中识别出具有购买潜力的大客户，为后期获取大订单打下基础。

2. 针对优质客户的二次营销

识别出重点客户之后，客服人员必须把重点客户的购买力更好地掌控住。客服人员可以通过邮件、站内留言等方式，对重点客户进行二次营销。二次营销的时机可以在：

- 在每次有新的优质产品上线时，宣传最新产品。
- 有一些产品在特价销售，做一些让利买家促销活动时。
- 在感恩节、圣诞节等一些重要节日，买家的购买高峰期。
- 针对转销型买家，其上一次转销估计已经完成，需要下一次采购的时候。

在这些重要的时间点，主动出击展开对于买家的二次营销，能让企业获得老买家稳定的交易量，从而更好地增加交易量。

6.2 客户分类及相应的策略 Customer Classification and Corresponding Strategies

6.2.1 按网店购物者常规类型分类及应采取的相应对策 Customers Classified according to the Regular Types of Shoppers and the Corresponding Countermeasures

1. 初次上网购物者

这类购物者在试着领会电子商务的概念，他们的体验可能会从在网上购买小宗的安全种类的物品开始。这类购物者要求界面简单、过程容易。

产品照片对说服这类购买者完成交易有很大帮助。

2. 勉强购物者

这类购物者对安全和隐私问题感到紧张。因为有恐惧感，他们在开始时只想通过网站做购物研究，而非购买。

对这类购物者，只有明确说明网购的安全性和隐私保护政策才能够使其消除疑虑，轻松面对网上购物。

3. 便宜货购物者

这类购物者广泛使用比较购物工具。这类购物者不玩什么品牌忠诚，只要最低的价格。网站上提供的廉价出售商品，对这类购物者最具吸引力。

4. “手术”购物者

这类购物者在上网前已经很清楚自己需要什么，并且只购买他们想要的东西。他们的特点是知道自己做购买决定的标准，然后寻找符合这些标准的信息，当他们很自信地找到了正好合适的产品时就开始购买。

快速告知其他购物者的体验和对有丰富知识的操作者提供实时客户服务，会吸引这类购物者。

5. 狂热购物者

这类购物者把购物当作一种消遣。他们购物频率高，也最富于冒险精神。对这类购物者，迎合其好玩的性格十分重要。

为了增强娱乐性，网站应为他们多提供观看产品的工具、个人化的产品建议，以及像电子公告板和客户意见反馈页之类的社区服务。

6. 动力购物者

这类购物者因需求而购物，而不是把购物当作消遣。他们有自己的一套高超的购物策略来找到所需要的东西，不愿意把时间浪费在东走西逛上。

优秀的导航工具和丰富的产品信息能够吸引此类购物者。

了解外贸网店客户的特点，了解网店客户的基本类型，对于提高网店客服的服务质量和服务效率具有极其重大的作用。

6.2.2 按客户性格特征分类及应采取的相应对策 Customers Classified according to Customers's Personality Traits and Corresponding Countermeasures

1. 友善型客户

特质：性格随和，对自己以外的人和事没有过高的要求，具备理解、宽容、真诚、信任等美德，通常是企业的忠诚客户。

策略：提供最好的服务，不因为对方的宽容和理解而放松对自己的要求。

2. 独断型客户

特质：异常自信，有很强的决断力，感情强烈，不善于理解别人；对自己的任何付出一定要求回报；不能容忍欺骗、被怀疑、不被尊重等行为；对自己的想法和要求一定需要被认可，不容易接受意见和建议；通常是投诉较多的客户。

策略：小心应对，尽可能满足其要求，让其有被尊重的感觉。

3. 分析型客户

特质：情感细腻，容易被伤害，有很强的逻辑思维能力；懂道理，也讲道理。对公正的处理和合理的解释可以接受，但不愿意接受任何不公正的待遇；善于运用法律手段保护自己，但从不轻易威胁对方。

策略：真诚对待，作出合理解释，争取对方的理解。

4. 自我型客户

特质：以自我为中心，缺乏同情心，从不习惯站在他人的立场上考虑问题；绝对不能容忍自己的利益受到任何伤害；有较强的报复心理；性格敏感多疑；时常“以小人之心度君子之腹”。

策略：学会控制自己的情绪，以礼相待，对自己的过失真诚道歉。

6.2.3 按消费者购买行为分类及应采取的相应对策 Customers Classified according to Consumer's Purchase Behavior and Corresponding Countermeasures

1. 交际型

有的客户很喜欢聊天，先和您聊了很久，聊得愉快了就到您的店里购买产品，成交了也成了朋友，至少很熟悉了。

对于这种类型的客户，我们要热情如火，并把工作的重点放在这种客户上。

2. 购买型

有的顾客直接买下您的产品，很快付款，收到产品后也不和您联系，直接给您好评，对您的热情很冷淡。

对于这种类型的客户，不要浪费太多的精力，如果执著地和他保持联系，他可能会认为是一种骚扰。

3. 礼貌型

本来因为一件拍卖的产品和您发生了联系，如果您热情如火，在聊天过程中运用恰当的技巧，他会直接到您的店里再购买一些产品，售后热情做好了，他或许因为不好意思还会到您的店里来。

对于这种客户，我们尽量要做到热情，能多热情就做到多热情。

4. 讲价型

这类客户讲了还讲，永不知足。

对于这种客户，要咬紧牙关，坚持始终如一，保持您的微笑。

5. 拍下不买型

对于这种类型的客户，可以投诉、警告，也可以全当什么都没发生，因各自性格决定采取的方式，不能说哪个好，哪个不好。

6.2.4 买家常见的五种担心心理及应对策略 Five Common Kinds of Customers' Psychological States and Corresponding Strategies

1. 卖家信用是否可靠

策略：对于这一担心，我们可以用交易记录等来对其进行说服。

2. 价格低是不是产品有问题

策略：针对这一担心，我们要给买家说明产品价格的由来，为什么会低，低并非质量有问题。

3. 同类商品那么多，到底该选哪一个

策略：可尽量地以地域优势（如：快递便宜）、服务优势说服买家。

4. 交易是否安全

策略：详细介绍安全交易的方方面面来打消买家的顾虑。

5. 收不到货怎么办？货不对版怎么办？货物损坏怎么办？退货邮费怎么办？ 买家迟迟不付款，犹豫

策略：可以以售后服务、消费者保障服务等进行保证，给予买家信心。

6.2.5　买家网上消费心理分析及应采取的相应策略 Analysis of Consumers' Online Consumption Psychology and Corresponding Strategies

1. 求实心理

策略：在商品描述中要突出产品实惠、耐用等字眼。

2. 求新心理

策略：只要稍加劝诱，突出“时髦”、“奇特”之类字眼，并在图片处理时尽量保持鲜艳即可。

3. 求美心理

策略：卖化妆品、服装的卖家，要注意文字描述中应写明“包装”、“造型”等字眼。

4. 求名心理

该类顾客的消费动机的核心是“显示”和“炫耀”，同时对名牌有一种安全感和信赖感。

策略：采取投其所好的策略即可。

5. 求廉心理

“少花钱多办事”的顾客心理动机，其核心是“廉价”和“低档”。

策略：只要价格低廉就行。

6. 偏好心理

策略：只要了解他们的喜好，在产品文字描述之中可以加一些“值得收藏”之类的字语。

7. 猎奇心理

策略：对于这类顾客，只需要强调商品的新奇独特，并赞美他们“有远见”、“识货”。

8. 从众心理

策略：可以根据这种心理来描述产品，再加上价格的优势，很容易聚拢人气，后来者就源源不断。

9. 隐秘性心理

有顾客不愿别人知道购买的产品，如某用品之类。

策略：可以强调隐秘性。

10. 疑虑心理

策略：和顾客强调说明自己确实存在，产品的质量经得起考验。

11. 安全心理

买家担心像食品、卫生用品、电器等的安全性。

策略：给以解说，并且用上“安全”、“环保”等字眼，效果往往比较好。

6.3 售后服务技巧 After-Sales Service Skills

6.3.1 售后与买家及时沟通 Communicate with Buyers in time

售后卖家可能对交易还存在诸多疑问，这时就需要掌握一些沟通技巧，做好售后服务，及时化解纠纷，让老买家成为交易的“稳定器”。售后的沟通需要注意以下几点。

1. 主动联系买家

卖家在交易过程中最好多主动联系买家。买家付款以后，还有发货、物流、收货和评价等诸多过程，卖家需要将发货及物流信息及时告知买家，提醒买家注意收货。这些沟通，既能让买家及时掌握交易动向，也能够让买家感觉受到卖家的重视，促进双方的信任与合作，从而提高买家的购物满意度。此外，出现问题及纠纷时也可以及时妥善处理。

2. 注意沟通的方式

一般情况下，卖家应尽量以书面沟通的方式为主，应该避免与国外买家进行语音对话。用书面的形式沟通，不仅能让买卖双方的信息交流会更加得清晰、准确，也能够留下交流的证据，利于后期可能有产品的纠纷处理。卖家要保持在线，经常关注收件箱信息，对于买家的询盘要及时回复。否则，买家很容易失去等待的耐心，卖家也很可能错失买家再次购买的机会。

3. 注意沟通时间

由于时差的缘故，卖家日常工作(北京时间 8～17 点)的时候，会发现大部分国外买家的即时通信账号都是离线的。当然，即使国外买家不在线，卖家也可以通过留言联系买家。不过，建议供应商应尽量选择买家在线的时候联系，这意味着卖家应该学会在晚上的时间联系国外买家。因为这个时候买家在线的可能性最大，沟通效果更好。

6.3.2 在线客户争议建议方案 The Proposal for Online Customer Dispute

跨境电子商务现在最大的痛点就是客户体验差，这里面的深层次原因包括：跨境物流、沟通成本大等，而跨境电子商务发生争议后往往对于卖家的压力和损失非常大，很难像淘宝退货这样简单，所以解决在线客户的订单争议的能力显得尤为重要。解决客户争议一般的流程是这样的。

1. 让客户体会到卖家解决争议的诚意

其实西方消费者非常看重卖家的态度，因为西方消费理念非常成熟，买家认为卖家感恩买家的购买是顺理成章的事情，这也是为什么西方的消费者更强调购物的维权主张，遇到比如客户对于产品不满意、物流体验差、客户要求退款的争议，首先要做的是体现我们解决争议的态度，感恩客户，对于客户的遭遇表示理解，并且承诺会积极地去解决问题。

2. 真正地了解订单争议的来龙去脉

跨境电子商务的争议性最容易集中在物流环节，比如说丢件、产品破损。遇到客户订单争议时首先应该冷静地分析事情的来龙去脉，注意电子格式和证据，比如聊天记录、物流记录。该找物流公司的找物流公司解决，如果是客户误会可以通过真实的电子证据跟客户真诚沟通，祈求客户理解。重视电子数据证据应该是解决订单争议的核心工具。

3. 引导客户负面情绪的能力

对订单有争议，对产品不满意，客户肯定会有很多负面的情绪，表现形式包括给以差评、社交媒体的曝光等，这时候就是最考验在线客户服务的业务能力的时候了。此时客服人员的英文水平能力在这里会充分得到运用，好的客户服务会通过自己的专业度、语言能力，通过站内信、APP 软件或电话跟客户充分沟通，并且理解和认同客户，最终让客户再次信任企业，将客户负面情绪化解掉，为争议的解决打下基础。跨境电子商务争议解决绝对不仅仅是淘宝系退货退钱这样单纯简单，所以处理起来其实有非常大的技巧。

4. 真诚、恰当地解决纠纷

比如发一个美国的跨境快件产生了纠纷，很多时候物流成本其实比产品本身价格高得非常多，很多跨境电子商务的新人考虑到店铺运营的满意度、店铺好评率和评分，也为了快速地解决客户争议，就最直接也最草率地告知客户，货不要了，钱全部退给买家。

其实这个表面上看上去很豪爽的争议处理方式恰恰证明了在线客户服务的不专业和不成熟，因为这样对于卖家来说成本损失是最大的，而且也最没有客户服务技巧。很多时候很多欧美客户反而会感觉你没有真诚，因为更多的客户花钱是希望得到真正想要的产品，简单的货白送全额退钱不能挽回客户的体验感。

5. 二次免费发货

解决争议的第二种方式就是，免费再给客户发一次货。在这里其实有一个沟通处理技巧，我们可以在客户充分原谅的基础上，建议客户承担一次货物的部分价值，比如一个产品100美元，因为破损或者其他不满意，让客户承担70美元，其实大部分客户都会愿意接受的，同时二次发货，加上产品的利润率，有时候可以打一个平手——不赚不赔。

6. 给客户以折扣

这是我们最倡导的一种方式，比如产品破损直接给客户扣除交易金额，一般来说客户都愿意接受，但是这里面会有一个沟通技巧的问题，在线客户服务沟通技巧的能力直接决定客户退让的幅度。

7. 严谨的售前服务才是根本

把跨境电子商务客户的争议率控制在非常低的范围也是考核是不是好的在线客户服务的重要指标。好的在线客户服务，在销售前应该跟客户充分沟通，并且真实理解客户对于产品的要求和需求，并且预判可能产生的争议性，发货环节、跨境物流包装必须要做到万无一失，并且选择可靠可信任的物流公司，最好的购物体验就是客户的满意度。

知识链接：化解纠纷技巧

1. 承诺的售后服务一定要兑现。

2. 预先考虑买家的需求，主动为买家着想。

3. 当纠纷出现时，主动及时地沟通并努力消除误会，争取给出令买家满意的结果。

4. 对不良的评价及时做出解释。如果一旦被买家打了差评，首先要客观地回答买家的批评。如果确实是自己做得不够好，一定要虚心接受，然后改正自己服务中的缺陷。

6.3.3 处理客户投诉的步骤 Steps to Handle Customer Complaints

客户投诉分两种，一种是善意投诉，也就是确实因为产品、服务、使用、价格等方面的实际原因而引起的顾客投诉；另一种是恶意投诉，也就是出于敲诈钱财、破坏声誉、打击销售等为目的的所谓“投诉”。

1. 善意投诉的处理

对于善意的投诉可采取下列步骤来处理。

（1）热情

凡顾客出现投诉情况，多数态度不友善，有些甚至骂骂咧咧怒气冲天。不管顾客态度多么不好，作为企业都应该热情周到，以礼相待，积极与客户沟通，如此一则体现了企业处理投诉的态度，二则体现了“顾客是上帝”的原则，三则可以舒缓顾客的愤怒情绪，减少双方的对立态度。

（2）倾听

倾听是一门艺术，从倾听中客户服务人员可以发现客户的真正需求，从而获得处理投诉的重要信息。

当客户提出异议及反映产品问题时，首先要学会倾听，收集收据，做好必要的记录。然后，要弄清问题的本质及事实，切记不要打断对方的谈话。在客户讲述的过程中，不时表示对投诉问题的理解，让客户知道你明白他的想法。除此之外，还可以复述客户说过的话，并适当运用提问的技巧，这样可以更准确地理解客户所说的话，了解事实的真相。

（3）道歉

如果客户服务人员没有出错，就没有理由惊慌。如果客户服务人员真的出错了，就得勇于面对，要真诚地向顾客道歉。道歉要恰当合适，不是无原则的道歉，要在保持企业尊严的基础上道歉，道歉的目的一是承担责任，二是消弭顾客的“火气”。

（4）分析问题

根据顾客的口述分析顾客投诉属于哪一方面，比如是质量问题、服务问题、使用问题、价格问题等，更要从顾客口述中分析顾客投诉的要求，同时分析顾客的要求是否合理，以及具体问题属于哪个部门，解决投诉前是否有必要跟归口部门沟通或者跟有关上层请示。

（5）解决问题

首先，要马上纠正引起客户投诉的错误。其次，探询客户希望解决的办法，一旦客服人员找出方法，征求客户的同意。如果客户不接受客服人员的办法，请问他有什么提议或希望解决问题的方法。无论客服人员是否有权决定，让客户随时清楚了解问题解决的进程。如果客服人员无法解决，可推荐其他合适的人，但要主动地代为联络。

（6）礼貌地结束

当客户服务人员将这件不愉快的事情解决了之后，必须问：请问您觉得这样处理可以了吗？您还有别的问题吗？……如果没有，就多谢对方提出的问题。最后，要使客户服务人员明确正确处理客户投诉的重要性，灌输必要的意识、知识和技能。通过全员服务，引导消费，降低因人为使用不当带来的投诉。

（7）跟踪服务

客服人员必须对投诉处理后的情况进行追踪，可以通过打电话或写信，甚至登门拜访的方式了解事情的进展是否如客户所愿，调查客户对投诉处理方案的意见。如果客户仍然不满意，就要对处理方案再进行修正，重新提出令客户可以接受的方案。

跟踪服务体现了企业对客户的诚意，会给客户留下很深、很好的印象，客户会觉得企业很重视他提出的问题，是真心实意地帮他解决问题，这样就可以打动客户。

此外，通过跟踪服务、对投诉者进行回访，并告诉他，基于他的意见，企业已经对有关工作进行了整改，以避免类似的投诉再次发生，这样不仅有助于提升企业形象，而且可以把客户与企业的发展密切联系在一起，从而提高其忠诚度。

（8）吸取教训

为了避免同样的事情再度发生，企业必须分析原因、检讨处理结果、牢记教训，做到举一反三，使未来同性质的客户投诉减至最少。

2. 对于恶意投诉的处理

对于恶意投诉，有些平台（例如速卖通平台）已经为卖家开放了举报恶意买家的入口，针对恶意买家，可在对应订单中对其进行举报。速卖通方面表示，针对同一个买家，卖家可以多次举报。平台将以每周一次的频率批量处理卖家的举报，对涉及的买家账号进行处罚，并删除相关交易产生的不良数据。处理结果将会定期以邮件的形式通知卖家。对于被关闭的买家账号，平台将定期对其相关订单的数据指标进行清洗，即不计入卖家的服务等级指标考核中。

此外，为了给卖家提供力所能及的帮助，打击恶意欺诈勒索买家，“二货联盟”决定自 2017 年 3 月起公开本土慈善机构伙伴“The Second Chance Store”门店地址作为供所有卖家使用的美国退货通用地址。卖家可要求买家把产品退到“The Second Chance Store”指定地址，所有零散产品将由“The Second Chance

Store”进行销售和拍卖处理，扣除处理成本后捐赠给慈善机构，同时给退货的卖家出具相应慈善捐赠证书。

卖家拥有这样通用的退货地址，能提高买家退货成本，有利于减少恶意欺诈和常规退货。因为买家去邮局和快递公司零星邮寄包裹无任何运费折扣，需要自费承担高额运费。即使买家无须付运费的话，其也需要开车至少半小时去邮局或者 UPS/FedEx 排队填单邮寄。如此，买家选择退货的机率可能会减少，卖家也多了机会和买家沟通，合理适当地补偿给买家，既能达成销售，又能留住优质买家。

“The Second Chance Store”美国退货通用地址如下：

收件人：Margo Gibson

收件地址：11415 E.23rd Street,Independence,MO 64052

Skill Practice

客户 Mr.Green 最近三个月在你的公司店铺连续购买了几样商品，累计金额较大。

1. 作为客服人员，你该如何与 Mr.Green 保持沟通？

2. 若 Mr. Green 因最后一次购物对产品质量问题有疑义，客服人员该如何处理？

第7章

跨境电子商务纠纷案例

Case Studies on Dispute Settlement in Cross-Border E-Commerce

学习目标

- 了解不同跨境电子商务平台的纠纷提出过程。
- 掌握跨境电子商务纠纷处理的主要流程。
- 掌握跨境电子商务纠纷处理过程中的沟通技巧。

技能目标

- 能够冷静应对客户提起的纠纷。
- 能够在保护店铺利益的前提下妥善处理客户提出的纠纷。
- 能够在纠纷处理过程中与客户熟练的进行沟通。

跨境电子商务纠纷处理是指针对买家对店铺提出的争议及纠纷卖家通过沟通、退款、退货等方式进行处理并达到妥善解决的过程。

Lead-in

If you are an online seller and have received your seller's complaint,

1. What you will do for the first step?
2. What are the procedures to handle sellers' complaints
3. Do you think it is important to communicate with your seller who

made the complaint?

7.1 亚马逊卖家成功处理纠纷案例 Cases On Amazon Sellers Successfully Dealing With Disputes

本节将以实际案例的纠纷处理，介绍处理纠纷的流程。在此案例中，亚马逊平台上卖家发错款式，买家提出诉讼，卖家通过及时有效的沟通，最终以优惠折扣的方式成功处理纠纷。

7.1.1 买家提出投诉 the Buyer Files a Complaint

买家在亚马逊上订购了一件印花女童装，收到后发现印花错误，对卖家提出“发错款式”的投诉，如图 7-1 所示。

Return Requested for order 106-0412257
发件人:
已发送: 2016 年 11 月 11 日 星期五 0 : 07
收件人:
订单编号: 106-0412257
Dear XXX and XXX, This email is being sent to you by Amazon to notify and confirm that a return authorization has been requested for the item(s) listed below. XXX,please review this review this request in the Manage Returns tool in your seller account.Using the Manage Returns tool, please take one of the following actions within the next business day: 1. Authorize the customer's request to return the item. 2. Close the request. 3. Contact the customer for additional information(through Manage Returns or the Buyer -Seller Communication tool). XXX the information below is confirmation of the items that you have requested to return to XXX.NO additional action is required from you at this time. Order ID: 106-0412257 Item:XXX Qty:1 Return reason:Wrong item was sent

图 7-1 买家提出投诉

Customer comments:Just arrived today.The item I received is not the same print as the one shown here.Not what I ordered.Totally different.I would like to exchange for the correct print. Request received :November 11 , 2016 Sincerely , Amazon Services.

图 7-1 买家提出投诉（续）

7.1.2 卖家投诉处理 The Seller Handles The Complaint

卖家经仓库核实，确实将相似款式发错。第一时间跟客户沟通解决，回复客户，提出三套方案，供客户选择，如图 7-2 所示。

关于：Return Requested for order 106-0412257
发件人：
已发送：2016 年 11 月 12 日 星期六 5:05
收件人：
订单编号：106-0412257
Dear XXX, Have a nice day Firstly, we feel very sorry sending wrong print. But please don't worry,we give some solution for you : 1. NO need to return it ,we will give 50%claim code (ZRHT-VY65SR-H4S6WP) for you .You can buy any liked color for lovely baby again. 2. NO need to return it ,we will return half money of the cloth for you . 3. You can send it to us. We will refund this cloth's money to you . Sorry bring this trouble to you again. Hope to get your kind understanding. XXX Customer Service Center.

图 7-2 卖家投诉处理

7.1.3 买家与卖家沟通 the Buyer Communicates with the Seller

客户提出，希望得到优惠折扣，他非常喜欢这个款式，想再次购买，如图 7-3 所示。

已接受消息　已发送消息
您在 2016 年 11 月 12 日星期六 21:05 的 10 小时 1 分钟 回复
Re: 关于：Return Requested for order 106-0412257
发件人：
已发送：2016 年 11 月 12 日 星期六 11:04
收件人：
订单编号：106-0412257
Hi, Thank you Looking forward to getting the right color this time . They are very cute . Sent from my iPad .
已接受消息　已发送消息
您在 2016 年 11 月 12 日星期六 21:05 的 8 小时 31 分钟 回复
Re: 关于：Return Requested for order 106-0412257
发件人：
已发送：2016 年 11 月 12 日 星期六 12:32
收件人：
订单编号：106-0412257
XXX, I forgot to mention, I will chose option 1. 1. NO need to return it ,we will give 50% claim code (ZRHT-VY65SR-H4S6WP) for you . You can buy any liked color for lovely baby again. Sent from my iPad .

图 7-3　客户与卖家沟通

客服回复客户，他可以下单购买，会马上发货，如图 7-4 所示。

关于：Return Requested for order 106-0412257
发件人：
已发送：2016 年 11 月 12 日 星期六 21:05
收件人：
订单编号：106-0412257 Dear XXX, Thank you for your kindly understanding. You can place a new one for your lovely girl. We will send it tomorrow . Hope our cloth fit your girl . Best wishes. XXX Customer Service Center.

图 7-4　客服与买家沟通

最终，客户取消前期退款申请，同时用折扣券又新订 2 件衣服，如图 7-5 所示。

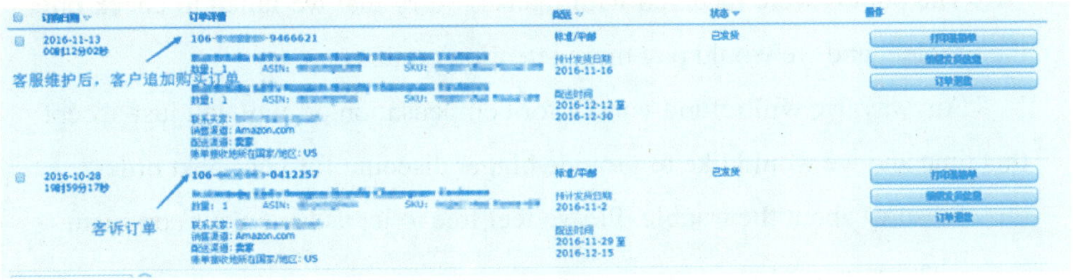

图 7-5　客户重新下单

7.1.4　投诉解决 Complaint Resolved

客户最终给了卖家五星好评，如图 7-6 所示。

Top Customer Reviews

★★★★★　Five Star

By :XXX

Size: S/O Months　Color:Pink Flower　Verified Purchase

Great dealing with seller,would definitely purchase again

Comment　Was this review helpful to you?　Yes/No

订单信息
订单号 80915986395248（查看详情）
订单金额 US$10.89
订单创建时间 Dec 12.2016
订单留言

收获地址 Changi green upper changi road east s486843 Blk 712a,04-05 Singapore SG486843

图 7-6　客户给五星好评

7.1.5　案例分析 Case Analysis

在此案例中，客服在收到投诉后，第一时间联系了买家。卖家在核实投诉后，提出了三套解决方案供买方选择，客户投诉纠纷解决非常妥当，不仅避免了损失，还为店铺赢得了新订单，也提升了客户满意度。客服纠纷回复模块如下：

Sample 1

Dear Customer,

The photos were received with thanks. Sorry that we failed to check out the problem and we would pay more attention on this part.

Anyway, we will refund you $3 for compensation or may you just accept this time and we would like to provide bigger discount for your next order?

So sorry about the trouble. Please feel free to let us have your comment.

Thanks!

Best Regards

(Your name)

Sample 2

Dear Customer,

We sincerely regret that you haven't received your parcel yet. We can confirm that we sent your order on January 10, 2016; however, we were informed by the shipping company that the package has been delayed due to problems on their end.

We can arrange reshipment or full refund to you. Please let us know what is your preferred option and we'll resolve this matter as quickly as possible.

We apologize for the inconvenience. Your understanding is greatly appreciated.

Best Regards

(Your name)

常用句型：

1. You can also consider the solution that we send you a new one with 50% discount and you cancel the dispute without pay for the highly returning shipping fee.

您也可以考虑另一种解决方案：我们以五折方式重新寄给您一件全新的产品，您取消纠纷，也不需要支付高额的寄回费用。

2. We will refund you $3 for compensation or may you just accept this time and we would like to provide bigger discount for your next order?

我们将赔偿您 $3，或者如果您这次接受货物，我们将在下次的订单中给您更大的折扣。

3. We sincerely regret that you haven't received your parcel yet.

很遗憾您没有收到包裹。

4. We can arrange reshipment or full refund to you. Please let us know what is your preferred option and we'll resolve this matter as quickly as possible.

我们可以重新安排发货，也可以全额退款。请告诉我们您选择哪种处理方式，我们将尽快解决。

7.2 速卖通卖家成功处理纠纷案例 Cases on Aliexpress Sellers Successfully Dealing with Disputes

在此速卖通案例中，由于卖家产品有瑕疵，买家提出诉讼，卖家通过及时有效的沟通，最终以退款的方式成功处理纠纷。

7.2.1 买家提出投诉 the Buyer Files a Complaint

买家购买了一套儿童餐具，收到货后因产品有瑕疵对卖家进行投诉，并按照买家要求上传图片，如图 7-7 所示。

订单信息
订单号 80915986395248（查看详情）
订单金额 US$10.89
订单创建时间 Dec 12.2016
订单留言

收获地址 Changi green upper changi road east s486843 Blk 712a,04-05 Singapore SG486843

图 7-7 买家提出投诉

“我的速卖通”→“纠纷列表”→“纠纷详情”，打开“纠纷详情”如图 7-8 所示。

订单号：79740134891931	
纠纷原因：产品有瑕疵	
XXX	2016-12-03 23:16:40
a Sleno	I posted photos of the broken glass. Can we find a different solution? You can send me a new set at a discounted price.
XXX	2016-12-03 19:32:12
Zheng	This is a set of five baby tableware. We can not replace that cup. We are very sorry.
XXX	2016-12-03 19:01:05
Zheng	As you say the product is defective, could you give me a picture? Thank you

图 7-8　纠纷详情

7.2.2　卖家投诉处理

经图片核实，产品确实存在质量问题。此时应第一时间向客户提出道歉，并提出赔偿，通过与买家沟通，卖家赔偿部分产品价格，如图 7-9 所示。

订单留言	
XXX	2016-12-05 03:36:13
Zheng	Then you put the program, the program is changed to only a refund of 7 dollars . Thank you.
XXX	2016-12-04 22:29:12
a Sleno	okay for partial reimbursement .you can repay 7 dollars?.
XXX	2016-12-04 20:55:37
Zheng	We are really sorry. The goods were accidentally off the shelf. Your goods damaged because of the logistics. We will refund you.
XXX	2016-12-04 03:57:54
a Sleno	Why have the goods been pulled from the shelves? We proceed with partial reimbursement at this point.
XXX	2016-12-04 03:53:32
Zheng	Hello,the goods have been pulled from the shelves .You cannot place the order again. You will get partial refund. I’ m very sorry.

图 7-9　卖家和买家的沟通过程

7.2.3 投诉解决 Complaint Resolved

纠纷最终得到解决，通过点击“我的速卖通”→“纠纷列表”→“纠纷详情”，打开“纠纷详情”如图 7-10 所示。

订单号: 79740134891931
纠纷原因：产品有瑕疵
纠纷状态：纠纷结果
仅退款 US$ 7.00（EUR € 6.43），由卖家出资
提醒：了解处理流程

图 7-10 投诉得到解决

7.2.4 案例分析 Case Analysis

在此案例中，在确认质量问题是由自身原因产生的情况下，客服应积极与卖家沟通，并向卖家解释问题发生的原因，最终以赔偿一般价格的方式解决纠纷，买家也比较满意。其客服回复的邮件如下：

Sample 3

Dear Customer,

We sincerely regret that the items you've received in order*********** were not as described. Our goal is to resolve any disputes as quickly and conveniently as possible.

Since you have claimed the items did not work/work properly, could you please make a video recording to illustrate this issue and send them directly to our email:**********. This will allow us to verify the problem and help resolve it to your satisfaction.

Best Regards

(Your name)

Sample 4

Dear customer:

We are sorry for the quality problems and would pay more attention on product quality check in the future.

We will accept your requirement and please kindly return the goods to the following address:

****

However, some customers will accept the second solution that we send you a new one with 50% discount and you cancel the dispute without pay for the highly returning shipping fee. Hope you consider it .Thank you!

Best Regards

(Your name)

常用句型：

1. We sincerely regret that the items you've received in order*********** were not as described.

您收到的货物（订单号 ***********）与描述不符，我们为此真诚的道歉。

2. Since you have claimed the items did not work properly, could you please make a video recording to illustrate this issue and send them directly to our email:**********.

由于您投诉我们产品运转不正常，您能否请录制视频以说明此问题，并将其直接发送到我们的电子邮件 ********** 吗？

3. We will accept your requirement and please kindly return the goods to the following address:

**************.

我们接受您的要求，请将货物寄回到以下地址：**************

4. The photos were received with thanks. Sorry that we failed to check out the problem and we would pay more attention on this part.

非常感谢，图片已收到。很抱歉我们没有检查出问题，以后我们会在这一部分更加注意。

Skill Practice

假设你在亚马逊上经营一家童鞋网店，一名客户投诉你的鞋子颜色与图片不符，你将如何与客户沟通？请写一封纠纷处理邮件。

附录A

主要交易市场网购支付习惯

1. 北美地区（泛指美国和加拿大）

北美地区是全球最发达的网上购物市场，北美地区的消费者习惯并熟悉于各种先进的电子支付方式。网上支付、电话支付、邮件支付等各种支付方式对于美国消费者来说并不陌生。在美国，信用卡是在线使用的常用支付方式之一。

一般情况下，美国第三方支付服务公司可以处理支持 158 种货币的威士（VISA) 和万事达（MasterCard) 信用卡，支持 79 种货币的美国运通（American Express) 卡，支持 16 种货币的大来（Diners) 卡。同时，PayPal 也是美国人异常熟悉的电子支付方式。与美国人做生意的中国商家必须熟悉这些电子支付方式，一定要习惯并善于利用各种各样的电子支付工具。

2. 欧洲地区

欧洲人最习惯的电子支付方式除了威士（VISA) 和 万事达（MasterCard) 等国际信用卡之外，还很喜欢使用一些当地卡，如: Maestro(英国)、Solo(英国)、Laser(爱尔兰)、Carte Bleue(法国)、Dankort(丹麦)、4B(西班牙)、CartaSi(意大利) 等。

欧洲和中国商户联系比较多的国家地区包括英国、法国、德国、西班牙等。相比较而言，英国的网上购物市场比较发达，而且其特点不少与美国类似。如 PayPal 在英国的使用也很普遍。当然，在英国使用 PayPal 账号来收款更有利。普遍来说，欧洲国家的消费者比较诚信，相对而言针对西班牙的网上零售具有比较大的风险。

3. 俄罗斯

（1）Yandex

Yandex 是俄罗斯一家互联网企业，旗下的搜索引擎在俄罗斯国内拥有逾 65% 的市场占有率，同时也是俄罗斯第一大电子支付系统，87% 的俄罗斯人熟知这一支付方式。目前，钱海支付是国内唯一一家支持 Yandex 的支付企业。在俄罗斯所有地区的支付终端，消费者可以通过现金、电子货币和银行卡（VISA、VISA Electron、MasterCard、Maetsro）等方式向 Yandex 钱包内充值。Yandex 支持全球 238 个国家的支付，超过 6.5 万的网上商店使用 Yandex.Money 进行收款。

（2）SEBR Bank

网银转账也是俄罗斯当地网民使用率比较高的一种在线支付方式，只要有银行账号的俄罗斯居民均可以通过网银转账完成交易。Sberbank 和 Alfa-Bank 作为俄罗斯最大的两家银行，覆盖了全俄罗斯 80% 以上的网民。俄罗斯联邦储蓄银行（Sberbank）是世界排名第 33 大银行，欧洲第三大银行，在俄罗斯私人和商业金融领域均处于领先地位，为东欧地区最大的商业银行，俄罗斯几乎人人都有 Sberbank 的银行账号。

4. 日本

日本本地的网上支付方式以信用卡付款和手机付款为主，日本人自己的信用卡组织为 JCB，支持 20 种货币的 JCB 卡常用于网上支付。除此之外，一般日本人都会有一张威士（VISA）和万事达（MasterCard）。

同其他发达国家相比，日本的网上零售贸易没有那么发达，但线下日本人在中国的消费还是相当活跃的。尤其针对日本的游客，使用购物网站可以与之建立长久的联系。目前，支付宝和日本软银电子支付已签订战略合作协议，面向日本企业提供支付宝的跨境在线支付服务。估计随着支付宝进入日本市场，国内习惯支付宝的用户也可以在不久以后使用支付宝直接收取日元。

5. 韩国

韩国的网上购物市场特别蓬勃，其主流的购物平台多为 C2C 平台，如 Auction、Gmarket、11ST 等。另外还有众多的 B2C 网上商店，如一些品牌企业的店铺和一些明星开设的店铺。韩国的在线支付方式较为封闭，一般只提供韩国国内银行的银行卡实行网上支付，威士和万事达的使用比例少，而且多应用于在国外付款中。

6．澳大利亚、新加坡、南非和南美区域

澳大利亚、新加坡和南非等区域的客户，最习惯的电子支付方式是威士和万事达，他们也习惯用 PayPal 电子账户付出款项。

澳大利亚和南非的网上支付习惯与美国相似，使用信用卡较多，PayPal 也很普遍。

在新加坡，银行界三巨头——华裔银行、大华银行和星展银行的互联网银行服务发展迅猛，其信用卡和借记卡的网上支付也很便当。

巴西也有不小的网上购物市场，巴西人在网上购物比较谨慎，但也是一个特别有前景的一个市场。

7．其他欠发达国家

如西北亚欠发达国家、南亚国家，非洲的中北部等，这些区域一般也使用信用卡支付。在这些区域用电子收账的方式接收欠发达国家的跨国支付存在较大风险。卖家最好能够充分利用第三方付款服务商提供的反欺诈服务，事先屏蔽掉恶意诈骗的订单以及有风险的订单，尽量减小经营风险。

附录B

世界各国外贸交易习惯详解

1. 非洲

在非洲国家中，企业之间的交易习惯普遍是看货购买，一手交钱，一手交货，或赊货代销。订单通常订量小，品种多，要货急。由于非洲国家实行进出口商品装船前检验，经常在实际操作中增加了我方的费用，延误了我方交货期，阻碍了贸易的正常开展。

（1）南非

交易习惯：信用卡、支票使用普遍，习惯“先消费后付款”。

注意事项：因国家资金有限，银行利率高（22% 左右），南非买家仍习惯于见货付款或分期付款，一般不开即期信用证。

（2）摩洛哥

交易习惯：采取低报货值、差价现金支付。

注意事项：摩洛哥进口关税水平普遍较高，外汇管理较严。D/P 方式在对该国出口业务中存在较大的收汇风险。摩洛哥客户和银行勾结先给单提货、迟迟不付款，国内银行或出口企业必须反复催促才付款的事件时有发生。

2. 欧洲

欧洲国家大都法律严谨，赋税较重。

（1）丹麦

交易习惯：丹麦进口商在与一个国外出口商做第一笔生意时，一开始为小金额的订单(以样品寄售或试销性订单)。一般愿意接受信用证这种支付方式。此后，经常使用凭单付现和30～90天远期付款交单或承兑交单。

关税方面：丹麦对从一些发展中国家、东欧国家以及地中海沿岸国家进口的商品给予最惠国待遇或者更为优惠的普惠制。但实际上，在钢铁和纺织方面却很少能得到关税优惠，拥有较大纺织品出口商的国家往往采取自行限额的政策。

注意事项：要求货样一样，很注重交货期，在一个新合同履行时，国外出口商应明确具体的交货期，并及时完成交货义务。任何违背交货期，导致延期交货的，都有可能被丹麦进口商取消合同。

（2）西班牙

交易方式：以信用证缴付货款，赊货期一般为90日，大型连锁店约120至150日。订单量每次约200至1000件。

注意事项：该国对其输入产品不收关税。供应商应缩短生产时间，注重品质及商誉。

3. 东欧

东欧市场有其自身的特点。产品要求的档次不高，但要想求得长期发展，质量不佳的大路货是没有潜力的。

这里以俄罗斯为例介绍东欧市场情况。俄国人做生意只要签约后，都以TT直接电汇方式付款，并要求准时出货，很少开L/C，但要寻求搭线不易，只能通过会展，或深入当地拜访。当地语言以俄语为主，英语使用很少，较难沟通，商贸洽谈一般都需要找翻译协助。

4. 中东

交易习惯：商家通过代理商间接交易，对直接交易表现冷淡。相对于日、欧、美等地而言其对产品要求不是很高。比较重视颜色，偏好深色物品。 利润小，量不大，不过订单固定。

注意事项：国内商家要特别小心代理商，避免被对方采取多种形式压价。更应注意遵循“一诺千金”的原则。合同、协议一旦签字，就应履约尽责，哪怕是口头允诺的事也要尽力做。同时应重视客户的询价，保持良好态度，不要在几件样品或样本邮寄费上斤斤计较。

5. 美洲

（1）美国

交易习惯：美国的交易订单一般数量较少，但订单要求的样式较多。有些订单虽然数量多，但是利润较低。

（2）墨西哥

交易习惯：一般不接受 L/C 即期付款条件，但 L/C 远期付款条件可以接受，订货量较小，一般要求看样订货。

注意事项：交货期不宜太长。首先，对该国采购须尽量满足其条件及有关规定；其次，需要提高产品质量和档次，使之符合国际标准。墨西哥政府规定，所有电子产品的进口都必须事先向墨西哥工商部申请质量标准证书 (NOM)，即符合美国 UL 标准，方允许进口。

附录C

主要国际市场交流禁忌

（节选自刁建东所著《跨境电子商务业务交流与沟通》）

1. 美国市场禁忌

（1）不能随便和他们开玩笑

一些美国留学生有时会说一两句善意的谎言或者开个玩笑，大家认为这些都是正常的。然而在美国，你和他说谎或者开玩笑说他不诚实，这些言语都会使美国人不悦，因为美国是一个很讲信誉的国家，他们经济和社会地位都是建立在个人的信誉基础上，不能忍受别人没有信誉。

（2）不要称呼黑人为“Negro”

“Negro”是英语“黑人”的意思，尤指从非洲贩卖到美国为奴的黑人。所以，在美国千万不要把黑人称为“Negro”，跟白人交谈如此，跟黑人交谈更如此。否则，黑人会感到你对他的蔑视。说到黑人，最好用“Black”一词，黑人对这个称呼会坦然接受。

（3）谦虚并非美德

中国人视谦虚为美德，但是美国人却把过谦视为虚伪的代名词。如果一个能说流利英语的人自谦说英语讲得不好，接着又说出一口流畅的英语，美国人便会认为他撒了谎，是个口是心非、装腔作势的人。所以，同美国人交往，应该大胆说出自己的能力，有一说一，有十说十。不必谦虚客气，否则反而事与愿违。

（4）不能随便说“I am sorry”

“I am sorry”和“Excuse me”都是“抱歉”、“对不起”的意思，但“I am

sorry”语气较重，表示承认自己有过失或错误。如果为了客气而轻易出口，常会被对方抓住把柄，追究实际不属于你的责任。到时候只有“哑巴吃黄连”，因为一句“对不起”已经承认自己有错。

（5）不能询问别人隐私

对许多美国人来说，年龄是个非常敏感的问题，特别是对已过30岁的女人来说更是如此。在这个崇尚年轻的文化中，想到变老是很痛苦的。大多数人，如果有可能的话，都不想沾它的边。所以，许多美国人竭力想维持外貌的年轻，他们最不愿别人问及的问题就是：“你到底有多大年纪了？”体重也是最敏感的话题之一。在美国，长得瘦是不错，甚至会让人羡慕，但超重就让人极为难堪，是种罪过。实际上，你越瘦，别人会认为你越漂亮。随便翻翻美国哪本时尚杂志，你会发现大多数模特都是皮包骨头。美国人很关注体重，且极少透露他们的体重……即使他们很瘦，身材很好。所以，你最好别问为妙。但如果你非得要讲，那就说：“噢，你看起来掉磅了”比“噢，你看起来像是重了几磅”常常要稳妥。然而，如果你想说实话但又不伤人，我建议你用词要小心，或许可以说：“嘿，你看起来棒极了。很健康。”千万要记住，那不是脂肪，是肌肉。你绝对不要问别人挣多少钱。这没什么可说的。但你完全可以问他们的工作头衔和以什么为生计。这个信息可以让你对他们一年挣多少有所了解。不要对别人的爱情、婚姻和家庭情况提太多问题，直到你跟此人结成了朋友。

2. 欧洲市场禁忌

（1）英国

不能问女士的年龄。英国人非常不喜欢谈论男人的工资和女人的年龄，甚至他家里的家具值多少钱，也是不该问的。问一位女士的年龄，也是很不合适的，因为她认为这是她自己的秘密，而且每个人都想永葆青春，没有比对中年妇女说一声“你看上去好年轻”更好的恭维了。毫无疑问，每个女士的发型、化妆和衣着都是为了让自己看起来更美丽、更年轻，但是如果她的打扮让人感到太刻意，那么别人就会带着非难的口吻说她“显得俗气”。

不能砍价。在英国购物，最忌讳的是砍价。英国人不喜欢讨价还价，认为这是很丢面子的事情。如果他购买的是一件贵重的艺术品或数量很大的商品时，也需要小心地与卖方商定一个全部的价钱。英国人很少讨价还价，如果他们认为一件商品的价钱合适就买下，不合适就走开。英国人认为“13”和“星期五”是不吉利的，尤其是“13 日”与“星期五”相遇更忌讳，这个时候，许多人宁愿待在家里不出门。在英国，忌讳谈论男人的工资、女人的年龄、政治倾向等。

（2）德国

接电话时要首先告诉对方自己的姓名。重视称呼，对德国人称呼不当，通常会令对方大为不快。一般情况下，切勿直呼德国人的名字。称其全称，或仅称其姓，则大都可行。与德国人交谈时，切勿疏忽对“您”与“你”这两种人称代词的使用，对于熟人、朋友、同龄者，方可以“您”相称。在德国，称“您”表示尊重，称“你”则表示地位平等、关系密切。对女性，不管其婚否或长幼，都可以称“某女士”，但对已婚妇女应以其夫姓称之。

德国人对纳粹和军团标志特别敏感，电子商务网站和产品包装的设计上应该注意避免这类图片出现。

（3）法国

法国人在人际交往中大都爽朗热情。善于雄辩高谈阔论，好开玩笑，讨厌不爱讲话的人，对愁眉苦脸者难以接受。受传统文化的影响，法国人不仅爱冒险，而且喜欢浪漫的经历。自尊心强，偏爱“国货”。法国的时装、美食和艺术是世人有口皆碑的，在此影响之下，法国人拥有极强的民族自尊心和民族自豪感，在他们看来，世间的一切都是法国最棒。与法国人写邮件或者交流时，如能讲几句法语，一定会使对方热情有加。

（4）比利时

在与比利时人交往过程中，一是要切记比利时的民族和语言问题，对瓦隆人和佛兰芒人一视同仁，万万不可把自己与比利时的民族矛盾纠缠在一起。二是要避免谈论比利时的宗教、政治问题，因为你很难知道你的比利时伙伴是否欣赏你的观点。较为稳妥的话题可以是关于体育运动，如比利时人喜欢的足球、自行车赛等，也可以谈论比利时的文化成就，或者你所访问过的城市等。

（5）意大利

意大利人热情、开朗、健谈。谈问题时一般都单刀直入，不拐弯抹角或耍心计。不要立即谈生意，意大利人喜欢先闲聊几句，聊聊家常什么的。对商业谈判要有充分准备，对自己的产品及其在当地或其他地方取得的成功要有详尽的了解。大多数工厂、公司 7 ～ 8 月都关门，仍然开业的公司也只有少数骨干人员在工作。这段时间不要联系业务。不要谈论当地的政治（过去的和现在的）以及当地税务情况。绝对不要批评意大利国家或地区的体育运动队。绝大多数意大利商业人员都受过良好教育，他们喜欢漫谈艺术、文化、国际事务、体育运动、饮食和家庭生活。在纯社交活动中不要谈业务。

其他欧洲国家，主要是信奉基督教和天主教，对“星期五”和“13”有所禁忌，对自己的隐私有所禁忌。

3．俄罗斯市场交流禁忌

与俄罗斯人交流，允许的话题主要包括以下几个方面。

（1）健康

俄罗斯人比较热衷于谈论健康的话题。他们很乐于与别人分享自己的健康状况，因为他们把健康当做自己的骄傲，但不会过分炫耀。然而，如果有人的健康状况不好，那么周围会有很多热情的俄罗斯人表现出对他的怜惜并且提出一些医疗上的建议。抱怨生活和同情弱者与病人都是俄罗斯人性格的一部分，更是他们可以接受的话题。

（2）天气

俄罗斯人继承并发扬了欧洲人在闲谈时以天气为话题。因为天气是谁都关心并且也不会得罪别人的话题。据说，欧洲人经常以天气为谈话的话题，是因为想避免与别人谈论私事。有趣的是，俄罗斯人经常谈论的只是坏的天气，例如：“这是什么鬼天气呀？”或者“又下雨了”。

如果外国人把本地或者本国的天气与当地天气来对比着聊，可以引起俄罗斯人极大的兴趣。然而，俄罗斯人之间一般是不谈论天气的，也不谈论金钱，而是某种与国家或者切身利益相关的大事，例如政治。

（3）家庭

俄罗斯人之间经常谈论自己的家庭以及孩子并且往往把孩子的学习状况放在首位来谈。他们会因为孩子取得好成绩而骄傲自豪。因此在交谈时，可以适当地询问对方孩子的状况，或者对方的喜好与如何度过闲暇时间。俄罗斯人通常不会随身携带着亲人或者爱人的照片，也不把照片放在办公桌上面。如果交谈中你可以把自己的亲人的照片给他看，他会很感兴趣，并且很容易对你产生好感。俄罗斯人很愿意与周围的人谈论自己的家庭和孩子，但是不会在谈话中直接引出，如：“您丈夫在哪里工作？”或者“您结婚了吗？”这样的话题。

（4）年龄

俄罗斯人在交际中一般会避免问及年龄的问题，尤其是对于已婚的妇女。当然医生或者一些官方人士有权力询问年龄，但是提问的方式也会相对婉转。但是，长辈问小辈问题时，可以问："你多大了？"然而小孩子有权不正面回答，而提问者实际上也是希望通过这种方式和小孩子攀谈，表示出对其关心和注意。谈论妇女的年龄是不礼貌的，甚至在五十岁或者更大岁数的生日祝寿时，人们也不会在祝词中提及年龄。

（5）工作

俄罗斯人在日常交际中往往也会避免提到收入、钱财和工作。俄罗斯人传统的思想就是幸福并不在于金钱或者地位。虽然时代变化了，人们也开始关注收入或者工作等问题，但是过于直率地与俄罗斯人谈论工作方面问题，否则会被认为是不谦虚不礼貌的。

（6）饮食

俄罗斯人一般是不会过分讲究饮食的，因此也很少谈论饮食的话题。他们一般不会感兴趣你去过哪个饭店或者去哪个国家吃到过什么美味佳肴。所以要尽量避免涉及这种话题。

（7）矛盾

众所周知，日常生活中，与朋友聊天，尽量要抛开一些有争议的话题，尤其是有着宗教信仰差别、政治观点差别、民族矛盾纠纷等问题。因此，要多选择些轻松愉快、易被接受的话题进行交流，以便获得好感与信赖。此外，提建议的时候，要注意语气的婉转，即避免"你应该……"或者"你最好……"。

（8）客套语

打招呼的时候，不要问"你去哪儿？"这对于俄罗斯人来说是属于打听别人隐私的行为。在久别重逢的寒暄问候中，切忌说"你胖了！"、"你瘦了！"或者"你变漂亮了！"俄罗斯人没有这种习惯，而且他反而会认为你觉得她丑陋或者臃肿。

4. 拉美市场交流禁忌

（1）忌讳"13"和"星期五"，世界很多国家对"13"和"星期五"有些忌讳。

（2）跟阿根廷人避谈政治、宗教和有争议的问题，如军人干政、马岛战争、白人与土著人关系；不要非议探戈舞；如果席间有妇女，也不宜讨论商业事务。

（3）跟墨西哥人要忌讳蝙蝠及其图案和艺术造型；一般不直呼对方的名字，喜欢称对方的职称、学位等头衔，如教授、博士、医生、工程师、律师、法官等，一般没有称呼对方为“阁下”的习惯；避谈墨西哥受美国影响而进步，避谈墨西哥的不平等和贫困。

（4）跟巴西人避免说涉及种族议题的玩笑，也不愿谈论阿根廷；避谈当地宗教和政治。

（5）跟哥伦比亚人不要说斗牛不好，忌对民间习俗说三道四。

（6）秘鲁人认为紫色是不祥的颜色，仅在宗教仪式中使用；避谈政治，忌讳“死亡”这个字眼。

（7）跟萨尔瓦多人不要笼统地称美国人为“American（美洲人）”，否则他会不高兴。

（8）玻利维亚人更喜欢和会讲西班牙语的人打交道；避谈政治和宗教。

（9）乌拉圭人忌讳青色；避谈政治。

5. 中东市场交流禁忌

中东国家基本没有语言禁忌，主要禁忌为民族习俗。

（1）酒

酒禁止的原因在于酒能使人暂时丧失理智，神经处于麻醉状态，对自己的言行失去自控能力，从而给自己和他人带来危害，这种伤害对穆斯林而言不仅是身体、物质上的，还在于有时因语言、精神失控而导致信仰的丧失，因此《古兰经》严格禁酒，将之和赌博等看做是导致社会危害、引起人与人之间争斗、人际关系恶化的恶魔行为。昔日的古代社会是这样，今日世界也是如此。离婚案中也有不少是因一方酗酒而导致夫妻失和、家庭破裂。像一些酒后开车造成的伤害事故更是与酒有关。

“酒”正成为一些国家和地区的重大社会问题，世界卫生组织也不断加大力度宣传禁酒。而伊斯兰早已将酒及一切饮用后导致人丧失理智的食品一概禁止，如鸦片、海洛因等。至于有人问到啤酒等一些低度酒或少喝一些的问题，毫无疑问也一并禁止，因为法律禁止一样事物是根据其性质本身，量的问题只是程度问题。

（2）猪

谈到不吃猪肉，今日世界恐怕无人不知这是穆斯林禁止食用的。在中国，只要人们知道你不吃猪肉则马上想到你是回民，提到回民则立刻知道你不吃猪肉，不吃猪肉几乎已成穆斯林的标志，回民的代称。事实上，不吃猪肉并不是穆斯林的专利，也不是《古兰经》首倡禁止的。人类厌猪、禁猪的历史可追溯到五千年前的文明古国埃及。在一幅古代壁画上，可看到凡是作恶之人的灵魂全送给猪吃。距今有三千年的犹太教经典被基督教视为《圣经》的《旧约》利未篇十一章七至八节说："……猪因为蹄分两瓣却不反刍，就与你们不洁净，这些兽的肉你们不可吃，死的你们不可摸，都与你们不洁净。"所以犹太人不吃猪肉，信奉《旧约》的基督教徒也不吃猪肉，如基督教中的"安息日复灵派"。

6．非洲市场交流禁忌

美国黑人对"Black"一词并没有抗拒心理。可是，一听到有人呼他"Negro"(黑人之意，尤其指原籍非洲，被贩卖到美国做奴隶的黑人及其子孙)，就勃然大怒。非洲人对"Negro"、"Black"二词不但有抗拒心理，而且不承认它的含意。强调肤色不同，在非洲是最大的禁忌。

附录D

“一带一路”沿线国家对华贸易情况分析

（资料来源：北京大学海洋研究所）

根据“一带一路”沿线国家对华贸易的现状的统计结果显示：

- 中国进口额占该国出口额比重较高的两个国家是蒙古（82%）和老挝（60%）。
- 中国出口额占该国进口额比重较高的两个国家是吉尔吉斯坦（83.6%）和老挝（67%）。
- 61 个“一带一路”沿线国家中，有近一半的国家对华进口依赖程度较高，有三分之一的国家对华出口依赖程度较高。
- 从地域分布来看，中亚及蒙古、东南亚区域整体上处于进口依赖状态，而中东欧地区对华进口依赖程度较低。
- 中东欧、南亚对华出口依赖程度较弱，东南亚、中亚及蒙古地区对华出口依赖程度整体分布较为均匀。

一、中国出口额占该国进口总额的比重分析

统计计算 2012 年中国出口额占“一带一路”沿线国家进口总额的比重，结果如表 D-1 所示。

表 D-1 显示：61 个“一带一路”沿线国家中，中国出口额占该国进口总额比重达到 50% 以上的国家有 2 个，30% ～ 50% 之间有 7 个，10% ～ 30% 有 20 个，10% 以下有 33 个。排名前 10 的国家有：吉尔吉斯坦、老挝、文莱、塔吉克斯坦、柬埔寨、蒙古、越南、菲律宾、科威特和缅甸。这几个国家经济水平都处在较为一般的程度上，从中国进口的商品和服务总额占该国进口总额中的比重很大，说

明这些国家对中国的商品和服务有着非常大的需求，也从一定层面上反映了该国对中国的贸易依赖程度。

表D-1 中国出口额占该国进口总额比重

排名	国名	中国出口占该国进口比重/%	排名	国名	中国出口占该国进口比重/%
1	吉尔吉斯坦	83.61	28	以色列	10.77
2	老挝	67.00	29	黎巴嫩	10.75
3	文莱	47.62	30	伊拉克	10.36
4	塔吉克斯坦	45.38	31	印度	9.87
5	柬埔寨	41.90	32	乌克兰	9.27
6	蒙古	38.55	33	阿富汗	9.03
7	越南	34.92	34	阿塞拜疆	8.12
8	菲律宾	32.09	35	巴林	8.12
9	科威特	32.01	36	拉脱维亚	7.99
10	缅甸	29.84	37	叙利亚	7.74
11	孟加拉国	28.90	38	土库曼斯坦	7.10
12	巴基斯坦	24.51	39	土耳其	7.05
13	伊朗	22.93	40	卡塔尔	7.01
14	尼泊尔	22.86	41	阿尔巴尼亚	6.82
15	马来西亚	22.08	42	克罗地亚	6.40
16	也门共和国	20.25	43	波兰	6.10
17	印度尼西亚	19.79	44	斯洛文尼亚	6.04
18	斯里兰卡	19.10	45	新加坡	5.80
19	乌兹别克斯坦	18.91	46	东帝汶	5.60
20	哈萨克斯坦	16.75	47	马尔代夫	5.60
21	约旦	15.66	48	匈牙利	5.55
22	俄罗斯	15.61	49	阿曼	5.54
23	埃及	15.47	50	立陶宛	4.80
24	阿联酋	13.39	51	捷克共和国	4.75
25	泰国	13.19	52	斯洛伐克	3.73
26	沙特阿拉伯	12.24	53	罗马尼亚	3.69
27	格鲁吉亚	10.95	54	保加利亚	3.16

续表

排名	国名	中国出口占该国进口比重/%	排名	国名	中国出口占该国进口比重/%
55	亚美尼亚	2.68	59	白俄罗斯	1.90
56	爱沙尼亚	2.44	60	马其顿	0.96
57	塞尔维亚	2.10	61	波黑	0.89
58	摩尔多瓦	2.00			

中国出口额占该国进口额比重分为3类，分别是进口依赖（30%以上）、进口相对依赖（10%～30%之间）和进口依赖较弱（10%以下）。按照区域分析结果如图D-1所示。其中，东南亚国家对华进口整体依赖度较高；西亚北非地区国家对华依赖程度较为一般，整体依赖度较弱；中亚及蒙古地区对华进口依赖程度较为均衡。

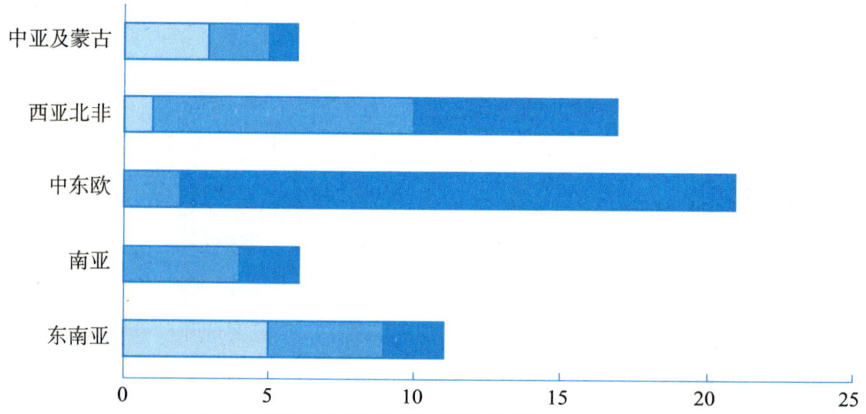

	东南亚	南亚	中东欧	西亚北非	中亚及蒙古
■进口依赖	5	0	0	1	3
■进口相对依赖	4	4	2	9	2
■进口依赖较弱	2	2	19	7	1

图D-1　区域进口依赖度分析

二、中国进口额占该国出口总额的比重分析

中国进口额占该国出口总额比重情况如表D-2所示。数据显示，“一带一路”沿线国家里，中国进口额占该国出口总额比重达到50%以上的国家有3个，30%～50%之间有4个，10%～30%有11个，10%以下有46个。排名前10的国家有：蒙古、老挝、也门共和国、土库曼斯坦、伊朗、阿曼、菲律宾、科威特、马来西亚、缅甸。其中，蒙古、老挝、菲律宾、科威特、缅甸五个国家，对中国

出口和中国进口都非常依赖，其国内贸易对中国的需求度很高。

表D-2 中国进口额占该国出口总额比重

排名	国名	中国进口占该国出口比重/%	排名	国名	中国进口占该国出口比重/%
1	蒙古	82.05	28	埃及	3.97
2	老挝	60.20	29	斯洛伐克	3.92
3	也门共和国	52.02	30	阿联酋	3.48
4	土库曼斯坦	47.20	31	尼泊尔	3.46
5	伊朗	41.36	32	保加利亚	3.15
6	阿曼	37.26	33	吉尔吉斯斯坦	3.08
7	菲律宾	33.77	34	土耳其	2.94
8	科威特	29.93	35	阿富汗	2.66
9	马来西亚	26.07	36	马其顿	2.58
10	缅甸	25.98	37	匈牙利	2.41
11	伊拉克	19.53	38	孟加拉国	2.27
12	哈萨克斯坦	17.37	39	约旦	2.15
13	印度尼西亚	17.21	40	格鲁吉亚	1.86
14	泰国	17.11	41	罗马尼亚	1.76
15	沙特阿拉伯	14.57	42	斯里兰卡	1.76
16	巴基斯坦	13.08	43	捷克共和国	1.61
17	乌兹别克斯坦	12.86	44	白俄罗斯	1.32
18	越南	12.78	45	亚美尼亚	1.26
19	塔吉克斯坦	7.65	46	巴林	1.23
20	俄罗斯	7.52	47	塞尔维亚	1.23
21	新加坡	7.26	48	爱沙尼亚	1.19
22	卡塔尔	6.82	49	波兰	1.10
23	柬埔寨	6.59	50	斯洛文尼亚	1.02
24	印度	5.67	51	阿塞拜疆	0.96
25	以色列	5.61	52	克罗地亚	0.85
26	阿尔巴尼亚	4.67	53	摩尔多瓦	0.77
27	乌克兰	4.30	54	拉脱维亚	0.73

续表

排名	国名	中国进口占该国出口比重/%	排名	国名	中国进口占该国出口比重/%
55	黎巴嫩	0.66	59	叙利亚	0.18
56	文莱	0.63	60	马尔代夫	0.15
57	立陶宛	0.37	61	东帝汶	0.04
58	波黑	0.37			

中国进口额占该国出口额比重分为 3 类，分别是出口依赖（30% 以上）、出口相对依赖（10% ～ 30% 之间）和出口依赖较弱（10% 以下）。按照区域分析结果如图 D–2 所示。其中，东南亚地区整体出口依赖度较为一般；南亚、中东欧地区整体出口依赖度较弱；而西亚北非和蒙古地区在分布各有不同。

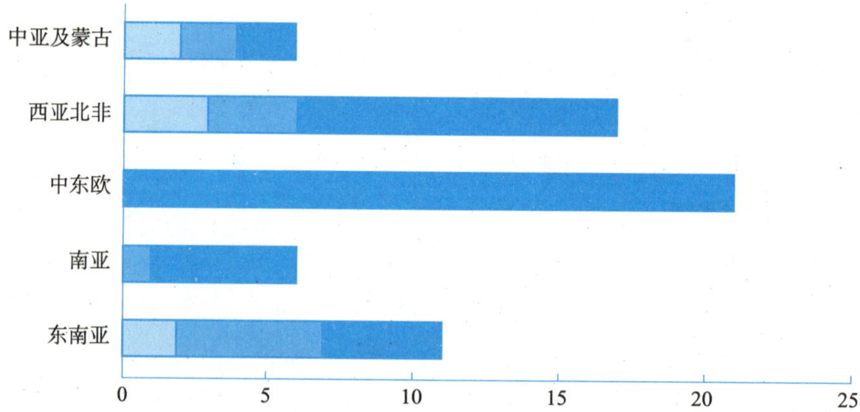

	东南亚	南亚	中东欧	西亚北非	中亚及蒙古
进口依赖	2	0	0	3	2
进口相对依赖	5	1	0	3	2
进口依赖较弱	4	5	21	11	2

图 D –2　区域进口依赖度分析

三、“一带一路”跨境电商消费趋势

2017 年 5 月 15 日，京东数据研究院发布《2017“一带一路”跨境电商消费趋势报告》。根据京东大数据显示，通过电商平台，中国商品销往俄罗斯、乌克兰、波兰、泰国、埃及、沙特阿拉伯等 54 个“一带一路”沿线国家。同时，超过 50 个“一带一路”沿线国家的商品通过电商走进了中国。

手机、电脑和网络产品、电子配件、家居用品是最受海外市场欢迎的中国商品。近两年，智能产品、汽车配件、运动户外、美容健康是海外销售占比增长最为亮眼的品类。从增速来看，2017年1月至4月，消费额同比去年增速最快的13个国家中，有7个“一带一路”沿线国家，消费额同比平均增速超过10倍。

（一）出口商品数据分析

1. 通过电商平台，中国商品销往俄罗斯、乌克兰、波兰、泰国、埃及、沙特阿拉伯等54个“一带一路”沿线国家，手机、电脑和网络产品、电子配件、家居用品是最受海外市场欢迎的中国商品。

覆盖沿线国家：蒙古，越南，柬埔寨，泰国，马来西亚，新加坡，印度尼西亚，菲律宾，文莱，斯里兰卡，马尔代夫，巴基斯坦，印度，尼泊尔，伊朗，土耳其，巴勒斯坦，以色列，约旦，伊拉克，科威特，沙特阿拉伯，阿曼，阿联酋，卡塔尔，巴林，土库曼斯坦，乌兹别克斯坦，吉尔吉斯斯坦，塔吉克斯坦，哈萨克斯坦，波兰，捷克，斯洛伐克，匈牙利，斯洛文尼亚，克罗地亚，罗马尼亚，保加利亚，塞尔维亚，黑山，马其顿，阿尔巴尼亚，爱沙尼亚，立陶宛，拉脱维亚，白俄罗斯，乌克兰，摩尔多瓦，俄罗斯，埃及，阿塞拜疆，亚美尼亚，格鲁吉亚。

各品类销量占比：手机33%、电脑及网络用品12%、电子配件12%、家居用品11%。

2. 2017年1月至4月，消费额同比去年增速最快的13个国家中，有7个“一带一路”沿线国家，消费额同比平均增速超过10倍。

随着海外消费者对中国商品、中国电商平台的了解，网购中国商品的品类越来越丰富。近两年，智能产品、汽车配件、运动户外、美容健康是海外销售占比增长最为亮眼的品类。

2016年，海外销售销量占比增长最快的品类有：美容健康，同比增长超过50%；手机及配件，同比增长超过60%；智能商品，同比增长超过2.5倍。

2017年，海外销售销量占比增长最快的品类有：汽车用品，同比增长超过2倍；食品，同比增长近1.5倍；运动户外，同比增长超过50%。

3. 与其他地区相比，俄罗斯、乌克兰、白俄罗斯、波兰、澳大利亚消费者，购买了较多的中国茶叶。

俄罗斯、波兰、乌克兰、土耳其、澳大利亚消费者，购买了较多的中国厨房和餐厅用品。

俄罗斯、乌克兰、波兰、白俄罗斯、土耳其消费者，购买了较多的中国手机及电子配件。

俄罗斯、波兰、乌克兰、土耳其、澳大利亚、西班牙、哈萨克斯坦消费者，购买了较多的智能商品，包括智能手环、智能眼镜、智能健康等商品。

俄罗斯、乌克兰、波兰、澳大利亚、哈萨克斯坦、摩尔多瓦、土耳其消费者，购买了较多的裙装及其他服饰。

此外，中文图书开始通过电商平台销售至海外美国、澳大利亚、爱尔兰、新西兰、英国、法国、加拿大、新加坡、瑞士等国家。

（二）进口商品数据分析

1. 超过 50 个"一带一路"沿线国家的商品通过电商走进了中国。

2016 年，在进口商品销售额增长的排名中，"一带一路"国家以高增速位居前列。

第一梯队：立陶宛、黑山、孟加拉国、阿曼、塔尼克斯坦，来自这些"一带一路"沿线国家的进口商品销售额同比增长超过 6 倍。

第二梯队：罗马尼亚、克罗地亚、也门、巴勒斯坦、匈牙利，来自这些"一带一路"沿线国家的进口商品销售额同比增长近 5 倍。

2. 进口食品、酒类、家纺、水果、钟表、海产是"一带一路"相关国家进口，销量最高的品类。

马来西亚、蒙古、泰国、越南、印度、菲律宾、新加坡、波兰、印度尼西亚、俄罗斯、土耳其，是"一带一路"沿线国家进口商品销量最高的国家。

德国、法国、意大利、新西兰、瑞士、西班牙、丹麦、希腊、智利，是"一带一路"参与国家进口商品销量最高的国家。

3. 各国特色商品。

食品是流通最广的进口商品：马来西亚、泰国、越南、印度尼西亚、菲律宾、立陶宛、波兰、土耳其、俄罗斯等"一带一路"沿线国家的进口食品销量位于前列。

销量较高的特色进口商品：埃及棉制品、斯里兰卡的锡兰红茶、尼泊尔的菩提手串、捷克的水晶酒具、缅甸的翡翠玉石、保加利亚的玫瑰精油制品。

同时，来自各国产地的原料成为商品优质的标签。由埃及棉制作的服饰、家纺用品，捷克水晶制成的水具酒具，缅甸花梨木、玉石制作的家具、工艺品，泰国乳胶制作的枕头、床垫，逐步从潮流新品演变成大众商品。

4. 进口爆品数据。作为 2016 年的水果明星，智力车厘子、墨西哥牛油果在 2016 年走进了中国的千家万户。此外，阿根廷红虾、厄瓜多尔白虾等进口海产也走上了百姓餐桌，特别是各种节日期间，销量大幅上升。菲律宾 7D 芒果干、印尼进口果蔬干、丽芝士，越南进口 LIPO 面包干等食品也畅销全国，成为城市消费者喜爱的休闲零食。

5. 爆品销售地域扩展。从新品到爆品，进口商品不仅在数量上成倍增长，同时在地域上逐年扩张，被更广泛地域的消费者接受。

以厄瓜多尔白虾为例，2014 年，销量集中于上海、广东、浙江三地，其他地区销量非常有限，基本是以上三地的十分之一。

2015 年，厄瓜多尔白虾在中国的销量是去年同期的 3 倍。销量高的省份拓展为上海、广东、浙江、重庆、陕西、黑龙江、辽宁、甘肃、福建。

2016 年，厄瓜多尔白虾在中国的销量是去年同期的 5 倍，成为最受中国消费者欢迎的进口食品之一，销往中国 31 个省市。销量高的省份拓展为上海、广东、浙江、重庆、陕西、黑龙江、辽宁、甘肃、福建、广西、吉林、内蒙古，云南。对比其他省份，只有海南、宁夏、青海、西藏、新疆 5 个边远省份销量较低，但同比也保持了超过 3 倍的增长 。

进口爆品销往省份：进口爆品销往中国大陆 31 个省份和地区，其中北上广、江浙、山东、天津、四川、辽宁、福建、河北购买的商品件数最多。

“一带一路”10 个节点城市：西安、兰州、西宁、重庆、成都、郑州、武汉、长沙、南昌、合肥。

“一带一路”沿线省市：新疆、陕西、甘肃、宁夏、青海、内蒙古、黑龙江、吉林、辽宁、广西、云南、西藏、上海、福建、广东、浙江、海南、重庆。

参考文献

[1]刁建东．跨境电子商务业务交流与沟通［M］．中国商务出版社，2015.

[2]速卖通大学．跨境电商客服［M］．电子工业出版社，2016.

[3]中国国际贸易学会商务专业培训考试办公室.2015 跨境电商操作实务［M］．北京：中国商务出版社,2015.

[4]中国国际贸易学会商务专业培训考试办公室．跨境电商英语教程［M］．北京：中国商务出版社，2016.